W9-BDI-768

Dominique ABRY

Maître de conférences
Centre universitaire
d'études françaises
Université Stendhal,
Grenoble III

Marie-Laure CHALARON

Assistante
Centre universitaire
d'études françaises
Université Stendhal,
Grenoble III

La grammaire des premiers temps

VOLUME 1

Presses Universitaires de Grenoble

2000

64 -> Jan 6

Nous remercions tous les professeurs qui ont bien voulu tester dans leurs classes les exercices de ce manuel et en particulier Florentine Orgega, Roselyne Roesch et Myriam Zijp qui par leurs suggestions ont enrichi cet ouvrage, et tous ceux qui nous ont prêté leur voix.

Conception et réalisation : Roxane Casaviva
Maquette : Xavier Casanova
Informatique éditoriale : Dariusz Sokolowski

Illustrations : Christophe Veldeman et Jean-Baptiste Casanova

PRESSES UNIVERSITAIRES DE GRENOBLE
BP 47 – 38040 GRENOBLE CEDEX
Tél : 04 76 82 56 51
Fax : 04 73 82 78 35
E-mail : pug@upmf.grenoble.fr

© Presses Universitaires de Grenoble, 2000
(1ère édition 1996)

ISBN 2-7061-0888-6

Préface

OBJECTIFS ET CONTENUS

■ Ce manuel grammatical est conçu :

• **pour l'étudiant** comme un outil d'apprentissage guidé des régularités morphosyntaxiques du français au niveau débutant, faux débutant et comme un moyen de révision au niveau intermédiaire. Il peut être utilisé dès le début de l'apprentissage et jusqu'à 150 heures de français environ ;

• **pour l'enseignant** comme un ensemble lui permettant d'acheminer les apprenants vers la maîtrise des micro-systèmes grammaticaux généralement retenus comme objet d'apprentissage au niveau 1 et de les faire revoir à un niveau plus avancé. Il trouvera dans cet ouvrage des corpus, des exercices et des activités qui sollicitent l'esprit d'observation de l'élève, sa réflexion, sa mémoire mais aussi ses connaissances, son expérience et son imagination.

■ Ce manuel comporte plus précisément :

• **des textes de sensibilisation** dont la forme généralement poétique ou humoristique se prête aux répétitions, aux leitmotive et qui, de ce fait, centrent aisément l'attention sur le domaine étudié. Certains de ces textes pourront aussi faire l'objet de **mémorisation** ;

• **des corpus de discrimination** qui permettent de travailler simultanément les formes orales et écrites ;

• **des corpus d'observation** sur lesquels l'enseignant pourra s'appuyer pour faire analyser tel ou tel micro-système de notre langue ;

• **des tableaux** récapitulatifs et **des remarques** faisant le point sur les micro-systèmes abordés ;

• **des exercices « d'entraînement »** centrés principalement sur le bon usage du code dans lesquels l'élève n'aura d'autre tâche que l'appropriation linguistique (entraînement oral et transcription écrite). Ils pourront devront être réutilisés périodiquement pour fixer, revoir les connaissances et évaluer les acquis. La présentation de la plupart des exercices (oral à gauche/écrit à droite) facilitera la reprise des exercices ;

• **des corpus « d'échanges »** incitant l'élève à s'exprimer à titre personnel et à faire part de son expérience, de ses connaissances, de sa curiosité… dans le cadre d'un domaine grammatical prédominant et d'exercer ainsi simultanément sa compétence linguistique et communicative ;

• **des activités créatives** où l'imagination de l'apprenant est sollicitée dans le cadre de productions à contrainte grammaticale ;

• **des exercices d'évaluation** destinés à la vérification des acquisitions à l'intérieur de chaque chapitre ou sous-partie de chapitre ;

• et ici ou là **des textes à lire**.

■ Ce manuel grammatical est accompagné :

• **d'une cassette** de 90 minutes contenant des enregistrements de textes, de corpus ou d'exercices qui permet un travail important sur le code oral et sa relation avec le code écrit. Un logo signale les enregistrements ;

• **d'un corrigé** des exercices qui permettra aux élèves qui désirent travailler seuls de vérifier leurs réponses pour les exercices fermés et de s'inspirer des exemples de réponses pour les exercices ouverts ;

• **d'une table** détaillée et **d'un index** qui faciliteront l'utilisation de l'ouvrage.

GRAMMAIRES DE RÉFÉRENCE

• Notre description de la langue n'est pas en rupture avec la tradition grammaticale partagée par le plus grand nombre d'enseignants et on reconnaîtra des regroupements familiers tels que « verbes, déterminants, pronoms, adjectifs, adverbes ». À ces catégories formelles s'ajoutent des regroupements notionnels tels que « comparaison, localisation, caractérisation, expression du temps, négation, interrogation ».

• Concernant la morphologie verbale, notre description s'appuie sur l'analyse en bases (radical oral) ; notre classement des verbes au présent enregistré, qui s'inspire des propositions de Dubois dans sa grammaire structurale et met en évidence les régularités orales, nous éloigne des « 1er, 2e et 3e groupes » traditionnels. Le tableau de correspondance avec les groupes traditionnels qui figure au début du dossier « présent » permettra aux enseignants non habitués à cette description de faire le lien entre les deux modes de description.

Progression

• Notre ordre de présentation des chapitres n'est pas progressif ; l'ouvrage en effet se veut ouvert à des situations d'apprentissage variées et laisse l'enseignant libre d'aller et venir à travers les différentes sections pour établir une progression qui soit en cohérence avec son programme et les autres outils pédagogiques dont il dispose.

• Le contenu de chaque dossier est en revanche progressif. L'ordre retenu reflète à la fois une conception méthodologique des étapes du travail grammatical :
– sensibilisation,
– observation, analyse/ réflexion,
– pratique,
et notre expérience pédagogique en matière de progression des contenus. Toutefois, là encore, l'enseignant est seul maître de son itinéraire.

On ne s'étonnera donc pas de voir par exemple les « déterminants du nom » au chapitre 4 et l'« interrogation » au chapitre 9 alors que les formes du premier ensemble et les structures du second sont présentes inévitablement dès le début de l'apprentissage.

Des renvois, signalés par le logo **négation 218**, permettront de faire des liens entre les différents chapitres.

Infinitif

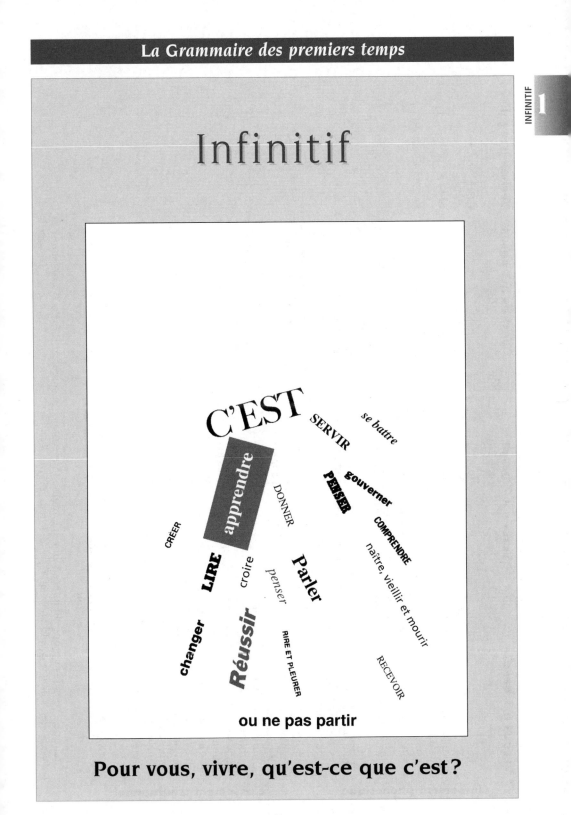

C'EST · SERVIR · se battre · apprendre · gouverner · PENSER · DONNER · COMPRENDRE · CRÉER · LIRE · croire · penser · Parler · naître, vieillir et mourir · changer · Réussir · RIRE ET PLEURER · RECEVOIR · ou ne pas partir

Pour vous, vivre, qu'est-ce que c'est?

Verbes au présent : tableau récapitulatif

	Verbes à 1 base (p. 14)	**Verbes à 2 bases** — type 1 (p. 21, 23)	**Verbes à 2 bases** — type 2 (p. 28, 29, 30)	**Verbes à 3 bases** (p. 36)	**Verbes irréguliers** (p. 9)
Classement phonétique	1 je 2 tu 3 il/elle/on 6 ils/elles 4 nous [ɔ̃] 5 vous [e]	1 je 2 tu 3 il 6 ils 4 nous [ɔ̃] 5 vous [e]	1 je 2 tu 3 il 6 ils 4 nous [ɔ̃] 5 vous [e]	1 je 2 tu 3 il 6 ils 4 nous [ɔ̃] 5 vous [e]	ÊTRE AVOIR ALLER FAIRE et ses composés
	Même base phonétique pour toutes les personnes.	Principe : alternance base courte/base longue (+ consonne) et/ou alternance vocalique.			
classement traditionnel	Tous les verbes en ER • Tous les verbes du 1er groupe en ER, sauf • Quelques verbes du 3e groupe et leurs composés : – Offrir, souffrir, ouvrir, couvrir, cueillir, assaillir, défaillir, tressaillir; – courir, secourir...; – rire, sourire; – conclure, exclure, inclure.	• Les verbes se terminant par : – E. ER (acheter, appeler, jeter...); – É. ER (céder, répéter...); – foyer, uyer, ayer (noyer, appuyer, essayer...). • Quelques verbes du 3e groupe et leurs composés : – croire, voir, extraire, fuir, – mourir, acquérir, s'asseoir.	• Tous les verbes du 2e groupe (IR ISS) • La majorité des verbes du 3e groupe : – tous les verbes en -aître, oître, être; – tous les verbes en -aindre, -oindre, -eindre, -ordre; – tous les verbes en - endre sauf – savoir, valoir, résoudre; – asseoir. 2 conjugaisons, p. 30	• Quelques verbes très fréquents du 3e groupe et leurs composés : – pouvoir, vouloir, devoir, boire, recevoir, percevoir; – tenir, venir; – prendre et ses composés. sauf	

Remarque : Tous les verbes du français ont une même forme orale au singulier (1e, 2e, 3e personne) / sauf
je dors, tu dors, il dort, je prends, tu prends, il prend; je veux, tu veux, il veut

Présent

- 17·11·03

Avoir, être, faire, aller : observation

A. Écoutez le dialogue.

`quel 209`

FICHE DE RENSEIGNEMENTS

- Nom de famille :   BELCOUR
- Prénom :   Mathilde
- Nationalité :   française
- Adresse :   10, rue de la Poste – 38000 GRENOBLE
- Téléphone :   04 76 52 23 26
- Profession :   étudiante
- Études :   droit
- État civil :   ☒ célibataire   ☐ marié(e)   ☐ divorcé(e)
                          Enfants :   ☐ oui   ☒ non
- Âge :   22 ans
- Sports pratiqués :   ski, danse

B. Réécoutez l'enregistrement. Notez les liaisons et enchaînements par le signe ‿ , puis répondez pour vous.

- Quel est votre nom de famille ?
  BELCOUR
- Quel est votre prénom ?
  Mathilde
- Quelle est votre nationalité ?
  française
- Quelle est votre adresse ?
  10, rue de la Poste –38000 GRENOBLE
- Quel est votre numéro de téléphone ?
  04 76 522326
- Quelle est votre profession ?
  etudiante
- Quelles études faites-vous ?
  droit
- Vous êtes célibataire ? marié(e) ? divorcé(e) ?
  Célibataire
- Vous avez des enfants ?
  Non, je n'ai pas d'enfants
- Vous avez quel âge ?
  J'ai 22 ans
- Vous faites du sport ?
  Oui, je fais du sport
- Quel sport faites-vous ?
  Oui, je fais, ski et danse du

C. Reformulez les questions avec **tu**. Mémorisez les questions.

Avoir, être, faire, aller : discrimination

ÊTRE

adjectifs 182

1. je **suis**	**4.** nous **sommes**
2. tu **es**	**5.** vous **êtes**
3. il/ elle/ on **est**	**6.** ils/ elles **sont**

AVOIR

Il y a 120 ; déterminants 128

1. j'**ai**	**4.** nous **avons**
2. tu **as**	**5.** vous **avez**
3. il/ elle/ on **a**	**6.** ils/ elles **ont**

FAIRE

1. je **fais**	**4.** nous **faisons**
2. tu **fais**	**5.** vous **faites**
3. il/ elle/ on **fait**	**6.** ils/ elles **font**

ALLER

aller à 240

1. je **vais**	**4.** nous **allons**
2. tu **vas**	**5.** vous **allez**
3. il / elle /on **va**	**6.** Ils /elles **vont**

Remarquez la terminaison *ont* : [ɔ̃]
ils sont, ils ont, ils vont, ils font.

A. Écoutez et répondez.

- Vous êtes étudiant ? .... *je suis étudiant*
- Vous faites des études ? .... *je fais des études de français écrit*
- Vous allez au cours de français ? *Oui je vais au cours de français*
- Vous avez un professeur de français ? *j'ai un professeur de français*

  ⟹ Oui j'y vais   *⟹ j'en ai un*
  REMPLACEMENT

B. Écoutez, lisez.

ÉTUDIER LE FRANÇAIS…

- C'est obligatoire ou ce n'est pas obligatoire ?
- C'est facile ou ce n'est pas facile ?
- C'est utile ou ce n'est pas utile ?
- C'est important ou ce n'est pas important ?
- C'est amusant ou ce n'est pas amusant ?

POUR APPRENDRE LE FRANÇAIS…

- Être motivé, c'est nécessaire.
- Avoir un professeur, c'est préférable.
- Faire des exercices, c'est important.
- Aller en France, en Suisse, en Belgique, au Québec, c'est utile.

C. Écoutez.

9 - 17.11.03

1
PRÉSENT

Avoir, être, faire, aller : entraînement

Entraînez-vous à produire oralement puis par écrit des petits textes.
Variez les pronoms.

pronoms 154 ; négation 218

1.

Avoir 20 ans	• *J'ai* 20 ans, *je suis* jeune, *je vais* à l'université,
Être jeune	*je suis* étudiant(e), *je fais* des études.
Aller à l'université	• **Nous avons** 20 ans, **nous sommes** jeunes,
Être étudiant(e)	**nous sommes** étudiant(e)s, **nous allons** à l'université,
Faire des études	**nous faisons** des études.

2. *J'ai 50 ans, je suis célibataire,*

Avoir 50 ans *j'ai un chat,*
Être célibataire
Avoir un chat
Être écrivain *je suis écrivain*

3.

J'ai
Je suis
j'ai
nous faisons
vous allez

Avoir 60 ans
Être retraité(e)
Avoir beaucoup de temps libre
Faire des voyages
Aller partout dans le monde

4.

Avoir 1 an *vous avez*
Être mignon *ils sont mignon*
Faire pipi au lit *elle fait*
Avoir un frère *il a*

5.

Avoir 30 ans
Être marié(e)
Avoir trois enfants
Avoir une profession intéressante
Faire de la politique
Aller souvent à l'étranger
Être très occupé(e)

6.

Avoir entre 25 et 30 ans
Faire beaucoup de sport
Avoir des amis
Être en bonne forme
Aller très bien

7.

Avoir 40 ans
Être divorcé(e)
Ne pas **avoir** de travail
Être au chômage
Refaire une formation
Ne pas **avoir** d'argent
Ne pas **aller** bien

8.

Avoir 15 ans
Être jeune
Aller au Lycée
Faire des études secondaires

9.

Avoir 90 ans
Être veuf (veuve)
Avoir des petits-enfants
Ne jamais **aller** chez le médecin
Être en bonne santé

Avoir, être, faire, aller : évaluation

Complétez à l'oral puis à l'écrit avec la forme correcte.

1. ÊTRE

- Qui _est_ étudiant ? Qui travaille ? ....
- Où _sont_ les toilettes ? ....
- Je ne _suis_ pas français. ....
- Tu _es_ fatigué ? ....
- Nous _sommes_ étrangers. _non, nous ne sommes pas..._
- Merci, vous _êtes_ bien aimable ! ....
- On _est_ en retard. Excusez-nous. ....

2. AVOIR

- Tu _as_ quel âge ? ....
- Excusez-moi, je n' _ai_ pas le temps. ....
- Ils n' _ont_ pas d'argent. ....
- Pardon, vous _avez_ l'heure ? _Il est 5 heure_
- Nous _avons_ un problème. ....
- Elle _a_ 15 ans. ....
- Vous _avez_ une minute, s'il vous plaît ? ....
- On _a_ faim et soif. ....

3. FAIRE

- Qu'est-ce qu'elle _fait_ comme études ? ....
- Vous _faites_ du sport ? ....
- Elles _font_ un voyage en Asie. ....
- Je vous _fais_ un café ? ....
- Il _fait_ froid aujourd'hui ? ....
- Nous _faisons_ des études en France. ....
- Qu'est-ce que tu _fais_ ce soir ? ....

4. ALLER

- Vous _allez_ bien ? ....
- Elle _va_ où ? ....
- On _va_ au cinéma ? ....
- Tu _vas_ téléphoner ? ....
- Mes parents ne _vont_ pas bien. ....
- Je _vais_ avec toi. ....
- Nous _allons_ à la banque. ....

11 17.10.03

être en train de… : entraînement

A. Qui sont les occupants de cet immeuble?
Quel âge ont-ils? Que sont-ils en train de faire?

B. À votre avis, qu'est-ce que le chef de l'État est en train de faire en ce moment? Est-il en train de dormir? de préparer un discours? de consulter ses conseillers? d'accueillir un autre chef d'état? de manger? …

première personne

Je vous cherche

Je vous trouve trouve

Je vous aime aimer

Je vous garde garder

Je vous regarde regarder

Je vous écoute écouter

Je vous aime aimer

Je vous garde garder

Vous me quittez quitter

Vous m'oubliez oublier

Je vous pardonne pardonner

Je vous aime aimer

MLC.

Verbes à une base : tableau

Même base pour	**1** je	**2** tu	**3** il elle on	**6** ils elles	**4** nous	**5** vous

• Majorité des verbes en —ER (90 % de l'ensemble des verbes du français)

PARLER		
je	parl	e
tu	parl	es
il	parl	e
ils	parl	ent
nous	parl	ons
vous	parl	ez

(même prononciation)

ÉCOUTER		
j'	écout	e
tu	écout	es
il	écout	e
ils	écout	ent
nous	écout	ons
vous	écout	ez

SE PRÉSENTER		
je me	présent	e
tu te	présent	es
il se	présent	e
ils se	présent	ent
nous nous	présent	ons
vous vous	présent	ez

• + Quelques verbes

OFFRIR		
j'	offr	e
tu	offr	es
il	offr	e
ils	offr	ent
nous	offr	ons
vous	offr	ez

(même prononciation)

COURIR		
je	cour	s
tu	cour	s
il	cour	t
ils	cour	ent
nous	cour	ons
vous	cour	ez

CONCLURE		
je	conclu	s
tu	conclu	s
il	conclu	t
ils	conclu	ent
nous	conclu	ons
vous	conclu	ez

RIRE		
je	ri	s
tu	ri	s
il	ri	t
ils	ri	ent
nous	ri	ons
vous	ri	ez

cueillir, ouvrir couvrir, souffrir	et ses composés	inclure, exclure	sourire

ORTHOGRAPHE

• Notez les terminaisons orthographiques :

	JE	TU	IL/ELLE ON	ILS/ELLES	NOUS	VOUS
Verbes en -ER + offrir, …	-e	-es	-e	ent	-ons	-ez
Autres verbes	-s	-s	-t			

• Attention, pour des raisons phonétiques :

   Verbes en -ger (manger, changer, ranger, déranger…)

   manger : je mange nous mangeons

Verbes en -cer (commencer, se balancer, avancer, prononcer…)

   commencer : je commence nous commençons

Verbes à une base : entraînement

A. Lisez et écoutez ces portraits opposés.

	LE FRÈRE	LA SŒUR
Travailler	il travaille bien	elle ne travaille pas bien
Jouer	il ne joue pas beaucoup	elle joue beaucoup
Aimer	il aime lire	elle n'aime pas lire
Pleurer	il pleure souvent	elle ne pleure pas souvent
Manger	il ne mange pas beaucoup	elle mange beaucoup

B. Imaginez un couple aux goûts et habitudes opposés.
Utilisez des phrases affirmatives et négatives.

négation 218;
adverbes 186, 188

• aimer le sport • cuisiner • regarder la télé •parler •
faire de la politique •travailler • manger • dépenser • téléphoner •
danser •fumer • sourire…

LUI

il aime le sport

il ne fait pas le politique

ELLE

elle n'aime pas

Lén fait

donner/
pardonner
subordonner
abandonner

garder
regarder

15 →17-11-03

Verbes à une base : entraînement

Entraînez-vous à produire oralement puis par écrit des petits textes.
Variez les pronoms (*je, tu, il, elle, on, ils, elles, nous, vous*).

1. Aimer l'Europe
Habiter en Europe
Parler plusieurs langues européennes

• **J'**aime l'Europe, j'habite en Europe et **je** parle plusieurs langues européennes.
• **Mary et Julian** aiment l'Europe, **ils** habitent en Europe et **ils** parlent plusieurs langues européennes.

2. Aimer travailler
Travailler beaucoup
Commencer tôt le matin
Travailler tard le soir

....
....
....
....

3. Aimer dormir
Se coucher tôt
Rester tard au lit
Se reposer souvent
Détester le lundi matin

....
....
....
....
....

4. Aimer rire
Aimer plaisanter
Rire beaucoup
S'amuser beaucoup

....
....
....
....

5. Aimer la musique
Écouter beaucoup de musique
Jouer de la guitare
Bien chanter

....
....
....
....

6. Aimer les fleurs
Planter des fleurs
Offrir des fleurs

....
....
....

7. Aimer parler
Communiquer facilement
Détester le silence
Parler beaucoup
Poser beaucoup de questions

....
....
....
....
....

8. Changer d'humeur facilement
Rire puis pleurer
Crier puis sourire
Adorer puis détester

....
....
....
....
....

Verbes à une base : échanges

A. Entraînez-vous à poser ces questions avec **vous** et **tu**. questions 205

1. Vous parlez combien de langues ? *Tu parles combien de langues ?*

2. Vous fumez ? *Tu fumes ?* tu

3. Vous mangez beaucoup ? Vous aimez manger ? *tu manges beaucoup ? tu aimes manger*

4. Vous aimez les animaux ? *Tu aimes les animaux ?*

5. Vous regardez beaucoup la télévision ? *Tu regardes beaucoup la télévision*

6. Vous écoutez souvent la radio ? *Tu écoutes souvent la radio ?*

7. Vous habitez en ville ? *Tu habites en ville ?*

8. Vous parlez en dormant ? *Tu parles en dormant*

9. Vous aimez chanter ? Vous chantez juste ? *Tu aimes chanter ? Tu chantes juste ?*

10. Vous passez vos vacances en famille ? seul(e) ? avec des amis ? *tu passes tes vaca*

11. Vous voyagez beaucoup ? *tu voyages beaucoup ?*

12. Vous pratiquez un sport ? *Tu pratiques un sport*

13. Vous dansez bien ? *Tu danses bien ?*

14. Vous déjeunez beaucoup le matin ? *Tu déjeunes beaucoup le matin*

15. Vous ressemblez à votre père ou à votre mère ? *tu ressemble ton → ressembles*

16. Vous marchez vite ? *Tu marches vite ?*

17. Vous changez souvent d'avis ? *Tu changes souvent d'avis)*

18. Vous offrez souvent des fleurs ? *Tu offres souvent des fleurs)*

19. Vous riez facilement ? *tu ris facilement*

20. Vous ronflez la nuit ? *Tu ronfles la nuit*

B. Échangez.

17

Verbes pronominaux à une base : observation/échanges

A. Lisez, puis formulez les questions avec le pronom *vous*.

1. Est-ce que dans votre classe de français, quand ils se retrouvent ou se quittent, les étudiants
- se serrent la main ?
- s'embrassent ?
- se saluent ?
- se sourient ?

Est-ce que quand vous vous retrouvez ou vous vous quittez,
vous vous serrez la main ?
Vous vous embrassez ?
Vous vous saluez ?
Vous vous souriez ?

2. Est-ce qu'en classe
- ils se parlent en français ? . . . .
- ils s'aident à travailler ? . . . .
- ils se corrigent mutuellement ? . . . .
- ils s'écoutent parler ? . . . .

3. Quelles sont les relations entre eux ? . . . .
- est-ce qu'ils s'aiment bien ? . . . .
- est-ce qu'ils se critiquent ? . . . .
- est-ce qu'ils s'ignorent ? . . . .
- est-ce qu'ils ne s'aiment pas ? . . . .

4. Est-ce qu'en dehors de la classe . . . .
- ils se retrouvent ? . . . .
- ils se téléphonent ? . . . .
- ils s'invitent ? . . . .
- ils se parlent ? . . . .
- ils ne se rencontrent pas ? . . . .

B. Complétez librement . | quantitatifs 142

- Tous les étudiants . . . .
- La plupart des étudiants . . . .
- Certains étudiants . . . . d'autres non.
- Quelques étudiants . . . .

C. Dictée.

Verbes pronominaux à une base : échanges

conjugaisons 14

PRÉSENT **1**

A. Écrivez les questions. Entraînez-vous à les poser.
Répondez-y.

1. Se réveiller de bonne humeur, de mauvaise humeur
Est-ce que vous vous réveillez de bonne humeur? de mauvaise humeur?
   – *Je me réveille tous les jours de bonne humeur*
   – *Je me réveille souvent de mauvaise humeur*
   – *Je ne me réveille jamais de mauvaise humeur...*

2. Se maquiller tous les jours
Est-ce que tu te maquilles tous les jours?

3. Se raser tous les jours, une fois par semaine
Est-ce que vous vous rasez tous les jours? une fois par se...

4. Se parfumer chaque jour
Est-ce que vous vous parfumez chaque jour?

5. Se doucher plusieurs fois par jour
Est-ce que tu te douche plusieurs fois par jour?

6. Se dépêcher souvent
Est-ce Tu te dépêches souvent?

7. Se couper les cheveux régulièrement
Est-ce que vou coupez les cheveux régulierant?

8. S'installer le matin devant la télévision
Vous vous installez le matin devant la télévision?

9. Se recoucher après le petit-déjeuner
Tu te recouches après le petit-déjeuner?

10. Se regarder dans la glace fréquemment
Est-ce que vous vous regardez dans la glace *fréquant.?*

11. S'énerver de temps en temps
Tu t'énerves de temps en temps?

12. Se préparer rapidement le matin
Est-ce que tu te prépares rapidement le matin?

13. Se trouver intelligent(e)
Tu me trouves intellegant?

14. S'adapter aux situations inattendues
Est-ce que vous vous adaptez aux situations inattendues

adverbes 240

B. Répondez en précisant la fréquence.

• chaque jour, chaque semaine, chaque mois •
• une, deux, trois fois par jour, par semaine • de temps en temps •
• régulièrement • rarement • (pas) souvent • (ne) ... jamais •

C. Dictée

19

Allô, Allô, Mademoiselle
Je vous appelle, je vous rappelle

Mademoiselle, appelez-moi
Mademoiselle, rappelez-moi

Mademoiselle
Je renouvelle mon appel
Appelez-moi
Rappelez-moi

Mademoiselle
Au moins… une fois

MLC.

Verbes à deux bases, type 1 : discrimination/tableau

A. Écoutez les infinitifs des verbes suivants
et complétez avec *e* ou *é* selon la prononciation.

- ach**e**ter
- rép**é**ter
- se l**e**ver
- poss**é**der

- g…ler
- esp…rer
- emm…ner
- j…ter
- se prom…ner
- acc…der

- succ…der
- ach…ver
- cong…ler
- sugg…rer
- p…ser
- s'inqui…ter

- s…cher
- s'app…ler
- r…gler
- poss…der
- compl…ter

B. Classez les verbes selon leur prononciation.

1. [ə] = e	2. [e] = é
Ach**e**ter Se l**e**ver	Rép**é**ter Poss**é**der

- **Verbes en —E.ER et —É.ER** (environ 100 verbes)

1	2	3	6	4	5

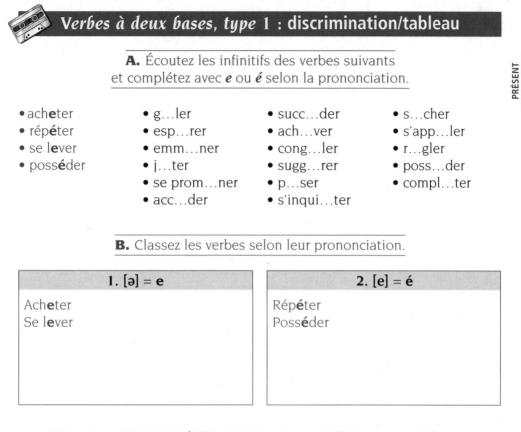

1. S'APPELER		
je m' appell e		
tu t' appell es		
il s' appell e	[ɛ]	
ils s' appell ent		
nous nous appel ons	[ə] ou	
vous vous appel ez	[-]	

2. ACHETER		
j' achèt e		
tu achèt es		
il achèt e	[ɛ]	
ils s'achèt ent		
nous achet ons	[ə] ou	
vous achet ez	[-]	

3. RÉPÉTER		
je répèt e		
tu répèt es		
il répèt e	[ɛ]	
ils répèt ent		
nous répét ons	[e]	
vous répét ez		

En français oral standard le [ə] est généralement non prononcé quand il y a qu'une consonne qui le précède..

acheter [aʃte]	s'appeler [saple]
nous achetons [aʃtɔ̃]	nous nous appelons [aplɔ̃]
vous achetez [aʃte]	vous vous appelez [aple]

Verbes à deux bases type 1 : entraînement

1 PRÉSENT

A. Écoutez les dialogues, répétez-les, puis écrivez les formes verbales.

1. À quelle heure vous (*se lever*) ?
   – À quelle heure je (*se lever*), ça dépend !

   vous vous levez
   je me lève

2. Vous (*s'appeler*) comment ?
   – Je (*s'appeler*) Bernard Desbordes

   Vœ vous appelez
   je m'appelle

3. Nous (*espérer*) réussir.
   – Moi aussi, j'(*espérer*).

   Mous ... espérons
   j'espère

4. La gare, s'il vous plaît.
   – Montez, je vous (*emmener*).

   emmenez

5. Pourquoi vous ne (*jeter*) pas ça ?
   – Je ne (*jeter*) rien.

   jetez
   jète

6. Ma musique vous (*gêner*) ?
   – Non, vous ne me (*gêner*) pas du tout.

   gêne
   gêne

7. Vous pouvez répéter le numéro, s'il vous plaît ?
   – Je (*répéter*) lentement : 8 8 9 1 0 0 6 7.

   répète

8. Vous pouvez peser cette lettre ?
   – Elle (*peser*) 20 grammes.

   pèse

9. Les enfants ! Levez-vous !
   – On (*se lever*), on (*se lever*) !

   se lève, se lève

10. Je vous (*ramener*) chez vous ?
    – Oui, (*ramener*)-moi, s'il vous plaît.

    ramène
    ramène

B. Complétez.

1. **En classe :** répéter les sons, épeler les mots, compléter les phrases.
   • Je répète les sons, j'épelle les mots, je complète les phrases.
   • Nous répétons les sons, épelons les mots, complétons

2. **À la campagne :** s'aérer, se promener.
   • On s'aère, se promène
   • Vous vous aérez, nous vous promenez

3. **Dans une librairie :** feuilleter, acheter des livres.
   • Les gens feuillettent, s'achètent
   • Nous feuilletons, achetons

4. **En voiture :** accélérer.
   • Tu accélères
   • Vous accélérez

5. **Avant un examen :** se surmener, s'inquiéter.
   • Les étudiants se surmènent, s'inquiètent
   • Nous nous surmenons, nous nous inquiétons

Renvoyé
T'es plus payé pour balayer
T'es plus payé pour essuyer
T'es plus payé pour nettoyer
T'es renvoyé
T'es renvoyé
J'suis plus payé pour balayer
J'suis plus payé pour essuyer
J'suis plus payé pour nettoyer
J'suis renvoyé
J'suis effrayé
Inemployé
J'vais m'ennuyer

MLC.

• **Verbes en —OYER, —AYER, —UYER (ENVIRON 20 VERBES)**

PAYER		
je	pai	e
tu	pai	es
il	pai	e
ils	pai	ent
nous	pay	ons
vous	pay	ez

[ɛ]
[ɛj]

balayer, effrayer

ENVOYER		
j'	envoi	e
tu	envoi	es
il	envoi	e
ils	envoi	ent
nous	envoy	ons
vous	envoy	ez

[wa]
[waj]

noyer, nettoyer …

APPUYER		
j'	appui	e
tu	appui	es
il	appui	e
ils	appui	ent
nous	appuy	ons
vous	appuy	ez

[ɥi]
[ɥij]

ennuyer, essuyer…

• **+ quelques verbes**

SE DISTRAIRE		
je me	distrai	s
tu te	distrai	s
il se	distrai	t
ils se	distrai	ent
nous nous	distray	ons
vous vous	distray	ez

[ɛ]
[ɛj]

soustraire, extraire

VOIR		
je	voi	s
tu	voi	s
il	voi	t
ils	voi	ent
nous	voy	ons
vous	voy	ez

[wa]
[waj]

croire

FUIR		
je	fui	s
tu	fui	s
il	fui	t
ils	fui	ent
nous	fuy	ons
vous	fuy	ez

[ɥi]
[ɥij]

s'enfuir

Verbes à deux bases : entraînement

Répondez oralement, puis écrivez les formes verbales.

1. Vous (*employer*) combien de personnes ?
— J'(*employer*) trente personnes.

Vous employez
J'emploie

1. Vous (*payer*) en liquide ?
— Non, je (*payer*) par chèque.

Payez
paie

2. Vous (*voir*) bien ?
— Oui, je (*voir*) très bien.

Voyez
vois

3. (*Appuyer*) sur le bouton rouge !
— Oui, oui, j'(*appuyer*).

Appuyez
appuyes

4. Vous m'(*envoyer*) un fax demain ?
— Non, je l'(*envoyer*) tout de suite.

m'envoyez
je l'envoie

5. Vous (*s'ennuyer*) ?
— Non, je ne (*s'ennuyer*) pas.

vous ennuyez
je me m'ennuic

6. Vous (*tutoyer*) vos élèves
ou vous les (*vouvoyer*) ?
— Parfois je les (*tutoyer*),
parfois je les (*vouvoyer*).

tutoyez
vouvoyez
tutoie
vouvoie

7. Pourquoi vous (*bégayer*) ?
— Mais je ne bbbb(*bégayer*) pas.

bégayez
begaie

8. Vous (*revoir*) votre ex-femme ?
— Non, je ne la (*revoir*) pas.

revoyez
revois

9. Pourquoi vous me (*fuir*) ?
— Mais je ne vous (*fuir*) pas.

fuyez
fuis

10. Vous (*croire*) que c'est vrai ?
— Oui, je (*croire*).

Croyez
crois

A. Observez le dessin. Utilisez les verbes suivants à la forme affirmative ou négative pour décrire la scène.

pronoms 158

PRÉSENT 1

- S'appeler
- Se promener
- Se rencontrer, se croiser, s'arrêter
- Se saluer, s'embrasser, se serrer la main
- Se regarder
- Se parler, se raconter quelque chose, se demander quelque chose
- Se quitter, s'éloigner

Mordillo © 1979 Oli Verlag N.V.

B. Dictée.

....

....

....

....

1 PRÉSENT

Les mots se disent *se dire*
Les mots se lisent

Les mots nous plaisent *se plaire*
ou nous déplaisent

Les mots s'écrivent *s'écrire*
Les mots se suivent *se suivre*

Les mots vivent
et nous survivent *survivre*

Les mots surgissent *surgir*
Les mots grandissent *grandir*

Les mots naissent *naître*
puis disparaissent *disparaître*

M.C.

Verbes à deux bases, type 2 : discrimination

A. Écoutez et classez les formes verbales.

sortir • conduire • choisir • écrire • entendre • convaincre • plaire •
se connaître • mentir • réfléchir • se perdre • suivre • vieillir •
descendre • servir • permettre • se taire • répondre • vivre • lire •
disparaître • promettre • dormir • s'interrompre

grandir – grandissent

	LA CONSONNE FIGURE DANS L'INFINITIF	LA CONSONNE NE FIGURE PAS DANS L'INFINITIF
[t]	ils sortent (sortir) *ils mentent*	
[d]	*ils entendent*	
[s]		*ils choisissent* *ils se connaissent* *ils réfléchissent*
[z]		elles conduisent (conduire) *ils plaisent*
[v]		*ils écrivent*
autre consonnes		

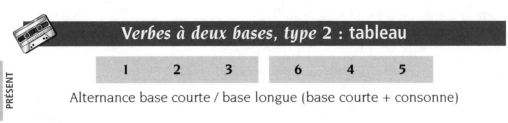

1	2	3	6	4	5

Alternance base courte / base longue (base courte + consonne)

- **Consonnes les plus fréquentes : [s], [z], [t], [d]**

+ [s] FINIR		
je	fini	s
tu	fini	s	[fini]
il	fini	t
ils	finiss	ent
nous	finiss	ons	[finis]
vous	finiss	ez

- grandir, vieillir, rougir, applaudir
- paraître, disparaître, comparaître, naître, (re)connaître
- croître et ses composés
- maudire

+ [z] SE TAIRE			
je me	tai	s
tu te	tai	s	[tɛ]
il se	tai	t
ils se	tais	ent
nous nous	tais	ons	[tɛz]
vous vous	tais	ez

- prédire, interdire, **MAIS** ⟶
- (re)lire, élire, suffire, luire
- cuire, nuire, détruire
- coudre
- réduire, traduire, introduire, conduire, (re)produire
- plaire, déplaire, se complaire

ATTENTION	
je	dis
tu	dis
il	dit
ils	disent
nous	disons
vous	dites

et redire

+ [t] SORTIR		
je	sor	s
tu	sor	s	[sɔʀ]
il	sor	t
ils	sor	ent
nous	sor	ons	[sɔʀt]
vous	sor	ez

- mentir, partir, sentir, consentir
- battre, combattre
- mettre, promettre, admettre

+ [d] ENTENDRE		
j'	entend	s
tu	entend	s	[ãtã]
il	entend	
ils	entend	ent
nous	entend	ons	[ãtãd]
vous	entend	ez

- attendre, prétendre, rendre, (re)vendre, suspendre, tendre
- correspondre, fondre, répondre
- tordre, mordre

Verbes a deux bases, type 2 : tableau

• **Autres consonnes**

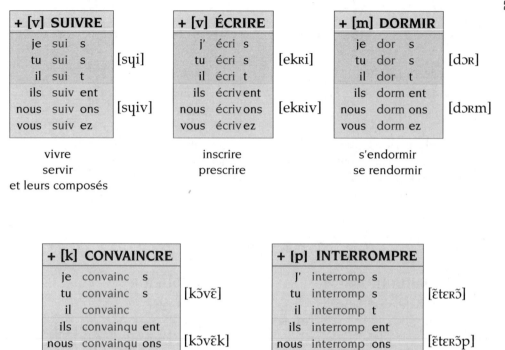

+ [v] SUIVRE		
je	sui	s
tu	sui	s	[sɥi]
il	sui	t
ils	suiv	ent
nous	suiv	ons	[sɥiv]
vous	suiv	ez

vivre
servir
et leurs composés

+ [v] ÉCRIRE		
j'	écri	s
tu	écri	s	[ekʀi]
il	écri	t
ils	écriv	ent
nous	écriv	ons	[ekʀiv]
vous	écriv	ez

inscrire
prescrire

+ [m] DORMIR		
je	dor	s
tu	dor	s	[dɔʀ]
il	dor	t
ils	dorm	ent
nous	dorm	ons	[dɔʀm]
vous	dorm	ez

s'endormir
se rendormir

+ [k] CONVAINCRE		
je	convainc	s
tu	convainc	s	[kɔ̃vɛ̃]
il	convainc	
ils	convainqu	ent
nous	convainqu	ons	[kɔ̃vɛ̃k]
vous	convainqu	ez

vaincre

+ [p] INTERROMPRE		
J'	interromp	s
tu	interromp	s	[ɛ̃teʀɔ̃]
il	interromp	t
ils	interromp	ent
nous	interromp	ons	[ɛ̃teʀɔ̃p]
vous	interromp	ez

rompre
corrompre

• **Verbes en –EINDRE, – AINDRE, –OINDRE**

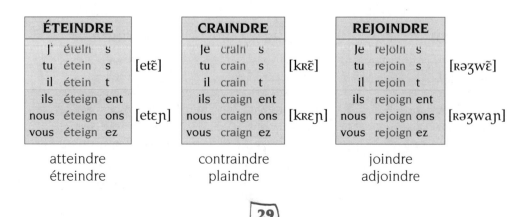

ÉTEINDRE		
J'	étein	s
tu	étein	s	[etɛ̃]
il	étein	t
ils	éteign	ent
nous	éteign	ons	[etɛɲ]
vous	éteign	ez

atteindre
étreindre

CRAINDRE		
Je	crain	s
tu	crain	s	[kʀɛ̃]
il	crain	t
ils	craign	ent
nous	craign	ons	[kʀɛɲ]
vous	craign	ez

contraindre
plaindre

REJOINDRE		
Je	rejoin	s
tu	rejoin	s	[ʀəʒwɛ̃]
il	rejoin	t
ils	rejoign	ent
nous	rejoign	ons	[ʀəʒwaɲ]
vous	rejoign	ez

joindre
adjoindre

Verbes à deux bases, divers : tableau

• **Alternance vocalique et/ou consonantique**

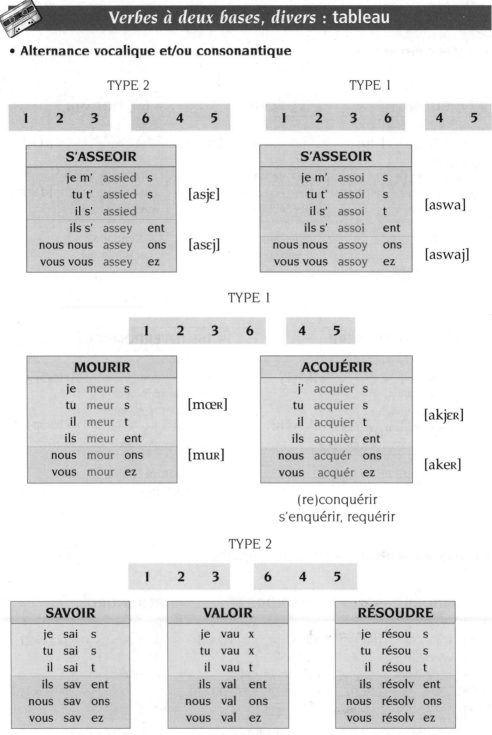

TYPE 2   TYPE 1

1	2	3		6	4	5

S'ASSEOIR

je m'	assied	s	
tu t'	assied	s	[asjɛ]
il s'	assied		
ils s'	assey	ent	
nous nous	assey	ons	[asɛj]
vous vous	assey	ez	

1	2	3	6		4	5

S'ASSEOIR

je m'	assoi	s	
tu t'	assoi	s	[aswa]
il s'	assoi	t	
ils s'	assoi	ent	
nous nous	assoy	ons	[aswaj]
vous vous	assoy	ez	

TYPE 1

1	2	3	6		4	5

MOURIR

je	meur	s	
tu	meur	s	[mœr]
il	meur	t	
ils	meur	ent	
nous	mour	ons	[mur]
vous	mour	ez	

ACQUÉRIR

j'	acquier	s	
tu	acquier	s	[akjɛʀ]
il	acquier	t	
ils	acquièr	ent	
nous	acquér	ons	[akeʀ]
vous	acquér	ez	

(re)conquérir
s'enquérir, requérir

TYPE 2

1	2	3		6	4	5

SAVOIR

je	sai	s
tu	sai	s
il	sai	t
ils	sav	ent
nous	sav	ons
vous	sav	ez

falloir (il faut)

VALOIR

je	vau	x
tu	vau	x
il	vau	t
ils	val	ent
nous	val	ons
vous	val	ez

RÉSOUDRE

je	résou	s
tu	résou	s
il	résou	t
ils	résolv	ent
nous	résolv	ons
vous	résolv	ez

absoudre
dissoudre

Verbes à deux bases : entraînement

A. Écoutez et répétez.

	PLURIEL	SINGULIER
SORTIR PARTIR SENTIR MENTIR PROMETTRE	Ils sortent [sɔʀt] Elles ne partent pas [paʀt] Ils sentent bon [sãt] Elles mentent [mãt] Ils promettent [pʀɔmɛt]	Il sort [sɔʀ] Elle ne part pas [paʀ] Il sent bon [sã] Elle ment [mã] Il promet [pʀɔmɛ]
ENTENDRE ATTENDRE DESCENDRE RÉPONDRE PERDRE	Elles entendent [ãtãd] Ils attendent [atãd] Ils descendent [desãd] Elles ne répondent pas [repõd] Ils perdent tout [pɛʀd]	Elle entend [ãtã] Il attend [atã] Il descend [desã] Elle ne répond pas [repõ] Il perd tout [pɛʀ]
FINIR GRANDIR VIEILLIR CONNAÎTRE PARAÎTRE	Ils finissent [finis] Ils grandissent [gʀãdis] Elles vieillissent [vjɛjis] Elles connaissent [kɔnɛs] Ils paraissent [paʀɛs]	Il finit [fini] Il grandit [gʀãdi] Elle vieillit [vjɛji] Elle connaît [kɔnɛ] Il paraît [paʀɛ]
LIRE CONDUIRE PLAIRE	Elles ne lisent pas [liz] Ils conduisent [kõdɥiz] Ils plaisent [plɛz]	Elle ne lit pas [li] Il conduit [kõdɥi] Il plaît [plɛ]
DORMIR	Ils dorment [dɔʀm]	Il dort [dɔʀ]

B. Prononcez et écrivez le singulier.

- Ils vivent : *il vit*
- Ils mordent : *il mord*
- Ils se plaisent : *il se plaît*
- Ils s'inscrivent : *il s'inscrit*
- Ils promettent : *il promet*
- Ils rougissent : *il rougit*

- Ils vendent : *il vend*
- Ils conduisent : *il conduit*
- Ils s'endorment : *il s'endort*
- Ils partent : *il part*
- Ils écrivent : *il écrit*
- Ils se taisent : *il tait*

24-11-03

Verbes à deux bases : échanges

A. Entraînez-vous à poser ces questions.

1. **Tu** dors la fenêtre ouverte ? *Vous dormez la fenêtre ouverte ?*

2. Tu vis avec tes parents ? seul ? en couple ? — Vous vivez

3. Tu suis des cours de français ? — Vous suivez

4. Tu écris beaucoup ? — Vous écrivez beacoup ?

5. Tu suis les gens dans la rue ? — Vous suivez des gens dans.

6. Tu grandis encore ? — Vous grandisez encore ?

7. Tu agis instinctivement ou après réflexion ? — vous agissez

8. Tu rougis facilement ? — Vous roguissez

9. Tu réfléchis beaucoup ? — Vous réfléchissez

10. Tu ralentis en voiture quand tu vois un policier ? — Vous ralentissez

11. Tu te nourris de façon équilibrée ? — Vous vous nourtissez

12. Tu connais bien la géographie de ton pays ? — Vous connaissez bien

13. Tu reconnais facilement tes erreurs ? — Vous reconnaissez facilemet votre erreurs ?

14. Tu te mets facilement en colère ? — Vous vous mettez

15. Tu mens souvent ? — Vous mennez

16. Tu entends bien ? — Vous entendez

17. Tu perds souvent ton temps ? — Vous perdez

18. Tu conduis ? Tu conduis vite ? — Vous conduissez ? Vous coduisse

19. Tu lis beaucoup ? Qu'est-ce que tu lis ? — Vous lissez beacoup ? Que est-ce que vous lissez ?

20. Tu connais combien de langues ? — Vous connaissez combien de langues

B. Échangez.

Faites des phrases avec les séries de verbes proposées
(3ᵉ personne du singulier ou du pluriel).

1. + [s]
HOMME(S)

Naître — *Les hommes naissent, grandissent puis vieillissent.*
Grandir — *On naît -on grandit, on vieillit.*
Vieillir — *Tout le monde naît, grandit, vieillit.*

2. + [s]
Architecte (s)
Démolir *démolissent, agrandissent*
Agrandir *on agrandit, on démolit*
Embellir *on embellit*

3. + [s]
Malade (s)
Faiblir *les malades faiblissent,*
Maigrir *maigrissent*
Puis guérir, grossir et se rétablir

4. + [z]
Interprète(s)
Lire *les interprètes lisent,*
S'instruire *s'instruisent,*
Traduire *traduisent*

5. + [d]
Standardiste (s)
Attendre devant le téléphone
Entendre le téléphone
Répondre au téléphone

6. + [t]
Homme (s) politique(s)
Se battre pour ses idées
Combattre ses adversaires
Promettre beaucoup de choses
Mentir de temps en temps

7. + [v]
Étudiant(s)
S'inscrire dans une université
Suivre les cours à l'université
Écrire ou non une thèse
Vivre dans un foyer d'étudiant :

8. + [v]
Serveur (s)
Servir les clients
Desservir les tables

9. + [ɲ]
Malade (s) *les malades se plaignent*
Se plaindre *geignent*
Geindre *on se plaint, on geint*

10. + [ɲ]
Légaliste(s)
Craindre la loi
Ne pas enfreindre la loi

11. + [ɲ]
Amoureux
Se rejoindre
S'étreindre *-nus*
les amoureux se rejoignent,
s'étreignent

Souvenez-vous

Les joies reviennent après les peines

Souvenons-nous

Le jour revient après la nuit

Souvenez-vous

Les rires reviennent après les larmes

Souvenons-nous

Le bleu revient après le gris

Verbes à trois bases : observation

Écoutez, soulignez les formes des verbes pouvoir, vouloir et devoir
puis réécrivez les phrases dans le tableau.

POUVOIR

Je **peux** sortir? Qui peut répondre à ma question? On peut utiliser un dictionnaire? Est-ce que vous pouvez répéter? Bien, on peut passer à la leçon suivante. Vous pouvez écrire la phrase au tableau?

DEVOIR

Qu'est-ce qu'on **doit** faire? Je dois vous mettre une note. Tous les élèves doivent participer. Nous devons refaire l'exercice? Vous ne devez pas vous décourager.

VOULOIR

Vous **voulez** dire quelque chose? Vous voulez faire une pause? Je ne comprends
pas ce mot. Qu'est-ce que ça veut dire? Vous voulez écouter une chanson?
Nous ne voulons pas travailler aujourd'hui. Est-ce que deux personnes veulent
bien jouer la scène?

Phrases d'élèves au professeur	Phrases de professeur aux élèves
Je peux sortir?	Qui peut répondre à ma question?
. . . .	. . . .
. . . .	. . . .
. . . .	. . . .
. . . .	. . . .
. . . .	. . . .
. . . .	. . . .
. . . .	. . . .

Phrases d'élèves ou de professeur
Je ne comprends pas ce mot.
. . . .
. . . .
. . . .
. . . .

Verbes à trois bases : tableau

| 1 | 2 | 3 | | 6 | | 4 | 5 |

• **Pouvoir, vouloir, devoir, recevoir, boire**

POUVOIR		
je	peu	x
tu	peu	x
Il	peu	t
ils	peuv	ent
nous	pouv	ons
vous	pouv	ez

[pø]

[pœv]

[puv]

émouvoir

VOULOIR		
je	veu	x
tu	veu	x
il	veu	t
ils	veul	ent
nous	voul	ons
vous	voul	ez

[vø]

[vœl]

[vul]

DEVOIR		
je	doi	s
tu	doi	s
il	doi	t
ils	doiv	ent
nous	dev	ons
vous	dev	ez

[dwa]

[dwav]

[dəv]

RECEVOIR		
je	reçoi	s
tu	reçoi	s
il	reçoi	t
ils	reçoiv	ent
nous	recev	ons
vous	recev	ez

[ʀəswa]

[ʀəswav]

[ʀəsəv]

apercevoir
concevoir
décevoir

BOIRE		
je	boi	s
tu	boi	s
il	boi	t
ils	boiv	ent
nous	buv	ons
vous	buv	ez

[bwa]

[bwav]

[byv]

• **Prendre, venir, tenir et leurs composés**

PRENDRE		
je	prend	s
tu	prend	s
il	prend	
ils	prenn	ent
nous	pren	ons
vous	pren	ez

[pʀɑ̃]

[pʀɛn]

[pʀən]

apprendre
comprendre
surprendre

VENIR		
je	vien	s
tu	vien	s
il	vien	t
ils	vienn	ent
nous	ven	ons
vous	ven	ez

[vjɛ̃]

[vjɛn]

[vən]

devenir
parvenir
survenir

TENIR		
je	tien	s
tu	tien	s
il	tien	t
ils	tienn	ent
nous	ten	ons
vous	ten	ez

[tjɛ̃]

[tjɛn]

[tən]

obtenir
retenir
soutenir

A. Écoutez.

Je ne me souviens pas bien
Car je ne retiens rien
Si tu viens de très loin
Je ne me souviens pas bien
Car je ne retiens rien
Si tu reviens demain
Je ne me souviens pas bien
car je ne retiens rien
À qui je tiens la main

MLC.

B. Conjuguez comme dans l'exemple.

J'(*apprendre*) vite.	J'apprends vite.
Je (*comprendre*) bien.	Je comprends bien !
Ça me (*surprendre*).	Ça me surprend !

1. Nous (*comprendre*). Vous (*comprendre*). *comprenons, comprenez*
    Ils (*comprendre*). Elles (*comprendre*). *comprennent, comprennent*
    Tout le monde (*comprendre*). *comprend*
    Ça vous (*surprendre*) ? *surprend* SURPREND

2. Ça te (*convenir*) si je (*venir*) ? *convient, viens*
    Et s'il (*venir*), ça te (*convenir*) ? *vient, convient*
    Et s'ils (*venir*), ça te (*gêner*) ? *viennent, gêne*

3. Vous (*revenir*), vous (*se souvenir*) ? *revenez, souvenez*
    Vous (*revenir*) le mois prochain ? *revenez*

4. Elle (*s'abstenir*) et il (*s'abstenir*). *s'abstient*
    Elles (*s'abstenir*) et ils (*s'abstenir*). *s'abstiennent*
    Tout le monde (*s'abstenir*). *s'abtient*
    si je (*comprendre*) bien ? *je comprends*

37

Conjuguez oralement puis écrivez les formes

• **Prendre, comprendre, apprendre**

1. Qu'est-ce que vous (*prendre*) comme boisson ? *vous prenez.*

2. Ils (*prendre*) le train demain matin. *ils prennent*

3. Je (*prendre*) un bain tous les matins. *je prends*

4. Tu (*apprendre*) le français ? *Tu apprends*

5. Nous ne (*comprendre*) pas bien. *comprenons*

6. Elle (*comprendre*) vite, elle (*apprendre*) vite. *comprend, apprend*

7. Vous (*apprendre*) à conduire ? *apprenez*

8. À quel âge les enfants (*apprendre*)-ils à lire ? *apprennent*

• **Venir, revenir, se souvenir**

1. Qui (*venir*) avec moi ? *vient*

2. Vous (*venir*) nous voir quand ? *venez*

3. Nous (*venir*) vous remercier. *revenons*

4. Vous (*revenir*) à quelle heure ? *revenez*

5. Ils (*revenir*) de vacances en septembre. *Ils reviennent*

6. Vous (*se souvenir*) de moi ? *souvenez*

7. Je ne (*se souvenir*) pas de son nom. *me souviens*

8. Qui (*se souvenir*) de son adresse ? *se souvient*

• **Tenir, obtenir, retenir, contenir, soutenir**

1. Passe, je (*tenir*) la porte ! *tiens*

2. Qu'est-ce qu'il (*tenir*) dans sa main droite ? *tient*

3. (*Tenir*) ! Prenez, c'est pour vous. *tenez*

4. Je ne (*retenir*) pas les numéros de téléphone. *retiens*

5. Nous n'(*obtenir*) pas satisfaction. *obtenons*

6. Que (*contenir*) votre valise ? *contient*

7. Ces cigarettes (*contenir*) peu de nicotine. *contiennent*

8. Je vous (*soutenir*). Bravo ! *soutiens*

Verbes à trois bases : entraînement

A. Complétez.

• **Être pressé, devoir partir, ne pas pouvoir rester**

1. Je suis pressé(e), je dois partir, je ne peux pas rester.

2. Nous sommes pressés, nous pouvons partir, nous ne pouvons pas rester.

3. Il est pressé, il doit partir, il ne peut pas rester

4. Vous êtes pressés, vous douvez, nous ne pauves

5. Ils sont pressés, ils doivent partir, Ils ne peuvent

6. Elles sont pressés, Elles doivent partir, elles ne peuvent

---

B. Formez des phrases oralement à partir des éléments suivants. Variez les personnes.

1. Ne pas vouloir sortir/faire froid. je ne veux pas sortir, il fait froid.

2. Être désolé(e)/ne pas avoir le temps/devoir rentrer.
Je suis désolé je n'ai pas le temps, je devrais rentrer

3. Avoir rendez-vous /ne pas pouvoir rester.
Avez-vous une rendez-vous, parce que vous ne pouvez pas rester.

4. Ne pas savoir/ne pas pouvoir répondre.
Il ne savait pas comment il peut répondre aux questions.

5. Être énervé/ne pas vouloir de café.
Je suis énervé, je ne veux pas du café.

6. Avoir mal à la tête/ne pas vouloir sortir.
Il a mal à la tête, il ne veut pas sortir.

7. Être étranger/ne pas pouvoir répondre.
Vous êtes étranger, c'est pour ça que vous ne pouvez pas répondre.

8. Devoir aller téléphoner/devoir partir.
nous devons aller téléphoner, on doit partir.

9. Être en retard/devoir se dépêcher.
Je suis en retard, je devrais me dépêcher.

10. Ne pas pouvoir dormir/faire du bruit.
Nous ne pouvons pas dormir parce qu'il fait du bruit

11. Prendre un taxi/être en retard.
Vous prennez un taxi, vous êtes vraiment en retard

12. Ne pas pouvoir sortir/être malade.
Il ne peut pas sortir, il est malade

13. Venir vous voir/vouloir vous parler.
Nous venons vous voir, nous voulons vous parler.

14. Recevoir des amis/ne pas pouvoir venir.
On ne peut pas venir parce que on recevait des amis.

Verbes à trois bases : évaluation

Test oral	Test écrit
1. À quelle heure nous (*devoir*) partir ?	*nous devons*
2. Ce livre me (*décevoir*) beaucoup.	*ce livre me déçoit*
3. D'accord, je (*vouloir*) bien.	. . . .
4. Elle (*vouloir*) vous parler.	. . . .
5. Elles (*recevoir*) leur bourse demain.	. . . .
6. Est-ce que nous (*pouvoir*) passer chez vous ?	. . . .
7. Il ne (*pouvoir*) pas venir, il est malade.	. . . .
8. Ils (*vouloir*) une chambre confortable.	. . . .
9. Ils (*devoir*) me téléphoner ce soir.	. . . .
10. Ils ne (*pouvoir*) pas répondre en français.	. . . .
11. Je (*pouvoir*) vous aider ?	. . . .
12. Je (*devoir*) payer par chèque ?	. . . .
13. Je l'(*apercevoir*) de temps en temps.	. . . .
14. Je ne (*boire*) pas de café le soir.	. . . .
15. Les Français (*boire*) du vin à table.	. . . .
16. Nous (*apercevoir*) enfin le village.	. . . .
17. Nous ne (*boire*) pas d'alcool.	. . . .
18. Nous ne (*vouloir*) pas habiter en ville.	. . . .
19. On (*boire*) beaucoup de café en Belgique.	. . . .
20. On ne (*devoir*) pas fumer ici ! C'est interdit !	. . . .
21. Qu'est-ce que vous (*vouloir*) boire ?	. . . .
22. Qu'est-ce que vous (*boire*) ?	. . . .
23. Tu (*apercevoir*) quelque chose ?	. . . .
24. Tu (*devoir*) partir ? déjà ! C'est dommage !	. . . .
25. Tu (*pouvoir*) me téléphoner ce soir ?	. . . .
26. Tu ne (*boire*) pas ? Tu n'as pas soif ?	. . . .
27. Tu ne (*vouloir*) pas aller au cinéma ce soir ?	. . . .
28. Vous (*pouvoir*) répéter, s'il vous plaît ?	. . . .
29. Vous (*recevoir*) des amis ?	. . . .
30. Vous me (*devoir*) 100 francs !	. . . .

Impératif

IMPÉRATIF

• FORMATION RÉGULIÈRE

Bases de l'impératif = bases du présent

	PRÉSENT	**IMPÉRATIF**	
MANGER	Tu manges	Mange	Ne mange pas
	Nous mangeons	Mangeons	Ne mangeons pas
	Vous mangez	Mangez	Ne mangez pas
ATTENDRE	Tu attends	Attends	N'attends pas
	Nous attendons	Attendons	N'attendons pas
	Vous attendez	Attendez	N'attendez pas
SE LEVER	Tu te lèves	Lève-toi	Ne te lève pas
	Nous nous levons	Levons-nous	Ne nous levons pas
	Vous vous levez	Levez-vous	Ne vous levez pas

ATTENTION ! ORTHOGRAPHE :

Pas de « s »
- **après « e »** : *Regarde ! Écoute ! Ouvre !*
- pour le verbe **aller** : *Va !*

« s » maintenu devant « en » et « y » + liaison

Parle à tout le monde	MAIS	*Parles-en à tout le monde*
Va à la gare	MAIS	*Vas-y*

• FORMATION IRRÉGULIÈRE

ÊTRE	Sois heureux
	Soyons attentifs
	Soyez à l'heure
AVOIR	Aie un peu de patience
	Ayons confiance
	Ayez l'amabilité de…
SAVOIR	Sache que je pense à toi
	Sachons garder le silence
	Sachez être discret
VOULOIR	Veuillez vous asseoir

Impératif : entraînement

IMPÉRATIF 1

A. Changez de forme d'impératif : vous ⟶ tu.

1. Un radiologue :
« Respirez ! Ne respirez plus ! Respirez ! »   *Respire ! Ne respire plus ! Respire !*

2. Un policier :
« Avancez ! Avancez ! Ne restez pas là ! »   . . . .

3. Un professeur :
« Chut ! Écoutez, ne parlez pas !   . . . .
Ne faites pas de bruit, soyez attentifs ! »   . . . .

4. Un entraineur de gymnastique :
« Courez ! Courez ! Courez !   . . . .
Arrêtez ! Respirez ! Soufflez ! »   . . . .

5. Un dentiste :
« Ouvrez la bouche ! N'ayez pas peur !   . . . .
Fermez la bouche ! Voilà ! C'est fini ! »   . . . .

6. Un photographe :
« Regardez par ici, regardez par là !   . . . .
Souriez ! Ne bougez plus ! Merci ! »   . . . .

7. Un gardien de musée :
« Ne touchez pas, s'il vous plaît . Merci ! »   . . . .

B. Transformez ces phrases comme dans l'exemple.

1. Le radiologue *dit* à son patient *de* respirer puis *de ne plus* respirer puis *de* respirer à nouveau.

2. Le policier demande à l'automobiliste de . . . .
. . . .

3. Le professeur demande à ses élèves de . . . .
. . . .

4. L'entraîneur demande à ses sportifs de . . . .
. . . .

5. Le dentiste demande à son client de . . . .
. . . .

6. Le photographe invite son client à . . . .
. . . .

7. Le gardien de musée prie les visiteurs de . . . .
. . . .

43

Verbes pronominaux : observation/entraînement

A. Lisez les phrases suivantes.

Calme-toi	Excuse-toi
Explique-toi	Décide-toi
Lave-toi	Dépêche-toi
Prépare-toi	Repose-toi

Ne t'inquiète pas
Ne t'énerve pas
Ne te presse pas
Ne te cache pas

Je te dis de (ne pas)…
Je te demande de (ne pas)…
Je te supplie de (ne pas)…
Je te conseille de (ne pas)…

Que pouvez-vous dire à quelqu'un :

1. qui est énervé　　　　　*« Calme-toi, ne t'énerve pas ; je te demande de te calmer. »*

2. qui est sale　　　　　. . . . .

3. qui fait tout trop vite　. . . . .

4. qui est lent　　　　　. . . . .

5. qui hésite　　　　　. . . . .

6. qui n'est pas prêt　　. . . . .

7. qui n'est pas clair　　. . . . .

8. qui est fatigué　　　. . . . .

9. qui n'est pas correct　. . . . .

10. qui a peur　　　　. . . . .

B. Formulez les deux autres formes de l'impératif.

1. *Calme-toi*　　　*Calmez-vous*　　　　　*Calmons-nous*

2. Repose-toi　　. . . . .　　. . . . .

3. Dépêche-toi　. . . . .　　. . . . .

4. Prépare-toi　　. . . . .　　. . . . .

5. Ne t'énerve pas　*Ne vous énervez pas*　　　*Ne nous énervons pas*

6. Ne te presse pas　. . . . .　. . . . .

7. Ne t'inquiète pas　. . . . .　. . . . .

8. Ne te cache pas　. . . . .　. . . . .

Présent/ impératif : entraînement

Écoutez puis écrivez.

1. Si vous avez besoin de quelque chose, ...

. . . .

2. Si tu as cinq minutes, ...

. . . .

3. Si tu veux me faire plaisir, ...

. . . .

4. Si tu y penses, ...

. . . .

5. Si tu ne me crois pas, ...

. . . .

6. Si vous êtes fatigué, ...

. . . .

7. Si vous pouvez vous libérer, ...

. . . .

8. Si tu le vois, ...

. . . .

9. Si vous n'êtes pas satisfait, ...

. . . .

10. S'il refuse, ...

. . . .

11. Si vous ne recevez pas votre commande, ...

. . . .

12. Si vous prenez la route ce week-end, ...

. . . .

13. Si c'est trop difficile, ...

. . . .

14. Si ça vous intéresse, ...

. . . .

Impératif : échanges

A. Lisez ces quelques règles françaises traditionnelles de savoir-vivre à table

- Ne parlez pas la bouche pleine.
- Ne commencez pas à manger avant la maîtresse de maison.
- Ne faites pas de bruit en mangeant.
- Ne mettez pas vos mains sous la table.
- Ne videz pas votre verre d'un trait.
- Ne coupez pas votre salade avec un couteau.
- Ne mangez pas avec les doigts (excepté les artichauts, les asperges et certains crustacés).
- Lorsque vous êtes invité, ne pliez pas votre serviette à la fin du repas.
- Lorsque vous êtes invité, ne vous asseyez pas à table avant d'y être invité.
- Ne quittez pas la table sans vous excuser.
- Ne saucez pas trop énergiquement votre assiette avec du pain.
- Ne coupez pas votre pain avec un couteau.
- Ne vous curez pas les dents.
- Ne vous servez pas vous-même.

B. Classez ces règles selon l'importance que vous leur accordez. Lesquelles vous paraissent très formelles, démodées, inexplicables, normales, universelles ?

C. Imaginez en groupe un autre manuel de savoir-vivre. À vous de le colorer à votre manière, comme ceci par exemple :

- Au café, ne partez pas avec le pourboire de la table voisine.
- À l'aéroport, ne partez pas avec une autre valise que la vôtre.
- Au restaurant, ne piquez pas de frites dans l'assiette d'un client inconnu.
- Après un dîner, ne demandez pas d'emporter les restes.
- Quand il pleut, ne vous glissez pas sans y être invité sous le parapluie d'un(e) inconnu(e).

Verbes toutes bases : créativité

A. Lisez ces titres de journaux.

LES ÉTUDIANTS MANIFESTENT DEVANT LE MINISTÈRE DE L ÉDUCATION NATIONALE

Le printemps arrive ! L'hiver se termine !

Des négociations s'engagent entre les syndicats et le patronat

UNE PRINCESSE ÉPOUSE UN PRINCE CHARMANT

Une bombe explose à l'aéroport d'Orly et fait cinq morts

LA TERRE TREMBLE À LOS ANGELES

Un trésorier disparaît avec la caisse !

ENFIN LA DÉCRUE ! LES EAUX DE LA SEINE BAISSENT

UN CHAUFFARD RENVERSE UN PIÉTON ET S'ENFUIT

G. Delage poursuit sa traversée de l'Atlantique à la nage

DEUX JEUNES GARÇONS DISPARAISSENT À TOULOUSE

Élections présidentielles : dimanche prochain, les Français se rendent aux urnes

Remarque : le présent peut avoir aussi une valeur de futur et de passé.

B. Par groupe préparez des titres de nouvelles radiophoniques. Chaque groupe peut se spécialiser : nouvelles politiques, économiques, culturelles, sportives, scientifiques, universitaires ou scolaires, vie quotidienne, faits divers, faits imaginaires. Présentez-les oralement ou enregistrez-les.

Verbes toutes bases : entraînement

A. Écoutez l'enregistrement puis retrouvez de mémoire le verbe manquant.

QUELQUES ÉVÉNEMENTS DE 1946 À 1995 EN FRANCE

1946 Le premier festival de cinéma de Cannes . . . . ses portes.

1947 Albert Camus . . . . *La peste.*

1948 Marcel Cerdan . . . . champion du monde de boxe.

1950 Edith Piaf . . . . dans le monde de la chanson.

1952 François Mauriac . . . . le prix Nobel de littérature.

1953 Le journal L'*Express* . . . . son premier numéro.

1955 Coco Chanel . . . . sa maison de couture.

1959 Le rock . . . . très populaire.

1961 La première laverie automatique . . . . près de Paris.

1963 Les chanteurs yé-yé . . . . à l'Olympia.

1964 Jean-Paul Sartre . . . . *Les mots*, une autobiographie.

1965 Les Beatles . . . . *un* immense succès.

1968 Les skieurs français . . . . de nombreuses médailles aux Jeux olympiques de Grenoble.

1974 On . . . . le centre Georges Pompidou (Beaubourg).

1980 De nombreuses villes . . . . des rues piétonnes.

1981 Les parlementaires français . . . . la peine de mort.

1991 Un Français, Gérard d'Aboville, ... l'Atlantique à la rame.

1992 Les Jeux olympiques d'hiver . . . . à Albertville en Savoie.

1995 Le cinéma . . . . ses 100 ans.

Remarque : des faits passés peuvent être relatés au présent.

B. À votre tour, faites un inventaire des événements marquants de ces dernières années ou décennies dans votre pays.

CALENDRIER DES COUTUMES

- En janvier, les Français se souhaitent une bonne année et mangent la galette des Rois.
- En février, on fait sauter les crêpes dans la poêle à la Chandeleur. Les enfants se déguisent pour le Carnaval. Dans les campagnes, ici ou là, on brûle une marionnette représentant monsieur Carnaval : c'est la fin de l'hiver.
- En mars ou avril, à Pâques, les parents cachent dans les jardins des œufs ou des lapins en chocolat. Les enfants les cherchent dès que les cloches de l'église sonnent.
- Le 1er avril, les enfants découpent des poissons dans du papier et les accrochent dans le dos des gens. On donne à ses amis de fausses informations.
- Le brin de muguet que l'on vous offre le 1er mai vous porte bonheur toute l'année. C'est aussi ce jour-là la fête du travail depuis 1947.
- Le 24 juin, c'est la Saint-Jean. On fête le solstice d'été dans certaines régions en allumant de grands feux.
- Le 14 juillet, c'est la fête nationale. Les Français commémorent la prise de la Bastille de 1789 et la Révolution.
- Le 15 août, c'est l'Assomption. Ce jour est férié en France depuis le XVIIe siècle. On fête aussi la fin des moissons.
- En septembre, à la Saint-Michel (29 septembre), les troupeaux descendent des alpages.
- Octobre, c'est le mois des vendanges.
- Début novembre, les Français se rendent dans les cimetières pour fleurir la tombe de leurs morts. Le troisième jeudi de novembre on déguste le Beaujolais nouveau. Le 25 novembre, c'est la Sainte-Catherine. Les jeunes filles de 25 ans qui ne sont pas encore mariées organisent un bal et se coiffent d'un chapeau extraordinaire.
- Le 24 décembre, c'est la nuit de Noël. certaines familles vont à la messe de minuit, puis on réveillonne avec la dinde aux marrons et la traditionnelle bûche de Noël. Le soir les enfants mettent leurs chaussures près de la cheminée. Au petit matin, ils découvrent les cadeaux apportés par le père Noël pendant la nuit.

Quelles sont les fêtes et traditions dans votre pays ?

À quelle tradition correspond cette illustration ?

Verbes toutes bases : évaluation

Testez votre compétence orale puis écrite : à questioner et à répondre.

Que faites-vous

1. quand vous avez peur ?

crier • pleurer • chanter • appeler • rester muet • trembler • rire nerveusement

Quant vous avez peur, vous criez ?
Vous pleurez ?, vous chantez ?,
vous appelez ?, vous restez muet ?,
vous tremblez ?, vous riez nerve-
sement ?

2. quand vous avez mal ?

souffrir en silence • pleurer • gémir • se taire • se plaindre

. . . .
. . . .
. . . .
. . . .

3. quand vous êtes en colère ?

*bouder • crier • claquer les portes • s'enfer-
mer dans sa chambre • contenir sa colère •
devenir méchant*

. . . .
. . . .
. . . .
. . . .
. . . .

**4. quand vous avez un problème
difficile à résoudre ?**

*abandonner • demander conseil • résoudre
le problème seul(e) • réfléchir longuement •
agir instinctivement*

. . . .
. . . .
. . . .
. . . .
. . . .

5. quand vous êtes débordé(e)

*rester calme • s'énerver • agir précipitam-
ment • devenir irritable • prendre son temps*

. . . .
. . . .
. . . .
. . . .
. . . .

6. quand vous avez une insomnie ?

*se lever • rester couché(e) • attendre le som-
meil • lire • prendre un somnifère • boire*

. . . .

7. quand vous tombez amoureux(se) ?

*cacher son sentiment • manifester son senti-
ment • rougir ou pâlir • perdre l'appétit*

. . . .
. . . .
. . . .
. . . .

**8. quand on n'est pas d'accord avec
vous dans une discussion ?**

*changer de sujet • poursuivre la discussion •
essayer de convaincre • argumenter paisible-
ment • se mettre en colère, perdre son calme*

. . . .
. . . .
. . . .
. . . .
. . . .

Verbes toutes bases : évaluation

Que fait un agriculteur?
Il travaille la terre,
il sème, plante, récolte
et vend sa récolte.

1.
Que fait un coiffeur?

. . . .
. . . .
. . . .
. . . .

6.
Que font les médecin?

. . . .
. . . .
. . . .
. . . .

2.
Que fait un chef d'État?

. . . .
. . . .
. . . .
. . . .

7.
Que font les policiers?

. . . .
. . . .
. . . .
. . . .

3.
Que font les touristes?

. . . .
. . . .
. . . .
. . . .

8.
Que font les étudiants de langue?

. . . .
. . . .
. . . .
. . . .

4.
Que font les retraités?

. . . .
. . . .
. . . .
. . . .

9.
Que fait un grand sportif?

. . . .
. . . .
. . . .
. . . .

5.
Que font les bébés?

. . . .
. . . .
. . . .
. . . .

10.
Que fait un philosophe?

. . . .
. . . .
. . . .
. . . .

Le passé

Il a fermé la porte
Il a caché la clé
Il a pris le chemin
Et il s'en est allé

Il a couru les routes,
A parcouru les mers
Il a vidé ses poches
Est usé ses souliers

Il est parti plus loin
Il a cherché de l'or
Il a vidé des verres
Et a conquis des cœurs

Puis il s'est souvenu
Il a repris la route,
Est arrivé à l'aube
Et a cherché la clé.

Il a tourné la clé
Il a poussé la porte
Elle lui a dit « c'est toi? »
Tu vois, je t'attendais.

MLC.

Passé récent (*venir de* + *infinitif*) : observation

A. Écoutez, soulignez les formes du passé récent.

BUREAU 200
– Jacques Duchêne n'est pas là ?
– Ah, il <u>vient de quitter</u> le bureau !

BUREAU 204
– Je cherche Jacques Duchêne.
– Je viens de le voir passer dans le couloir.

BUREAU 209
– Tu n'as pas vu Jacques ?
– Je viens d'arriver, je n'ai vu personne.

DANS LE COULOIR DU DEUXIÈME ÉTAGE
– Mademoiselle, vous n'avez pas vu Monsieur Duchêne ?
– Si, si, il vient de prendre l'ascenseur.

BUREAU 101
– Duchêne n'est pas passé ?
– Non, sa secrétaire vient d'appeler, elle le cherche.

DANS LE COULOIR DU PREMIER ÉTAGE
– Tu ne sais pas où est Jacques ?
– Il vient de redescendre dans son bureau.

DANS L'ASCENSEUR
– Je cherche Duchêne partout !
– Duchêne, je viens de le voir sortir en courant.

DANS LE BUREAU DE JACQUES DUCHÊNE
– Monsieur Duchêne est parti ?
– Oui, il vient de partir à l'instant.
– Oh non ! Mais où ?
– À la clinique ; sa femme vient d'appeler. Elle va accoucher.

> **Remarque :** le passé récent exprime un événement proche psychologiquement ou chronologiquement du moment où l'on parle.

Complétez les dialogues avec « venir de… »

– Tu as vu Jean ?
– Oui, il vient de passer.

– Tu as vu Jean ?
– Je viens de boire un café avec lui.

1.

– Le film est commencé ?
– Oui, ça . . . .

. . . .

2.

– Tu n'as pas une cigarette ?
– Non, je . . . .

. . . .

3.

– il y a longtemps que tu as déjeuné ?
– Non, je . . . .

. . . .

4.

– Où est Jacques ?
– Il . . . .

. . . .

5.

– Tu es toujours célibataire ?
Non, je . . . .

. . . .

6.

– Sylvie n'a pas téléphoné ?
Si, elle . . . .

. . . .

7.

– Tu sais que Jean a réussi son concours ?
Oui, je . . . .

. . . .

8.

– Vous n'êtes plus en vacances ?
– Non, je . . . .

. . . .

9.

– Elle est jolie, ta veste ! Elle est neuve ?
– Oui, je . . . .

. . . .

10.

– Elle est à l'hôpital ?
– Oui, elle . . . .

Passé/présent : discrimination

A. *Écoutez, comparez*

Présent	Passé composé
1.	**1.**
Je joue	J'ai joué
Je mange	J'ai mangé
J'accepte	J'ai accepté
Je paye	J'ai payé
Je réfléchis	J'ai réfléchi
Je finis	J'ai fini
Je rougis	J'ai rougi
Je grandis	J'ai grandi
2.	**2.**
Je pense à vous	J'ai pensé à vous
J'aime ce film	J'ai aimé ce film
Je travaille ici	J'ai travaillé ici
Je commande deux cafés	J'ai commandé deux cafés
Je finis de manger	J'ai fini de manger
J'écris une carte	J'ai écrit une carte
Je remplis le chèque	J'ai rempli le chèque
3.	**3.**
Il s'habille	Il s'est habillé
Elle se lève	Elle s'est levée
Il se plaint	Il s'est plaint
Elle se fâche	Elle s'est fâchée
Tu te reposes ?	Tu t'es reposé(e) ?
Tu te réveilles tôt ?	Tu t'es réveillé(e) tôt ?
Tu te laves ?	Tu t'es lavé(e) ?
Tu te recouches	Tu t'es recouché(e)

B. Écoutez et soulignez les phrases de A que vous entendez.

Je joue   *J'ai joué*

Passé composé : observation/tableau

A. Écoutez, soulignez les verbes au passé composé
puis jouez les dialogues à deux.

1.
– Tu cherches toujours un apparte-
ment ?
– Non, je ne cherche plus, j'<u>ai trouvé</u> !
– Tu <u>as trouvé</u> vite.
– Oui.

2.
– Attends-moi, je vais payer.
– C'est fait, j'ai payé.
– Tu as payé ? Eh bien merci !

3.
– On téléphone à Jacques ?
– Je lui ai déjà téléphoné. Il est d'ac-
cord.

4.
– Tu termines à quelle heure ?
– Ça y est, j'ai fini, j'ai terminé.

5.
– On va déjeuner. Tu viens avec
nous ?
– J'ai déjeuné. Merci !

6.
– Ne regarde pas, c'est horrible !
– Trop tard. J'ai vu !

7.
– Il part quand ?
– Il est déjà parti !
– Il est parti ! déjà !

8. (*Une voix, d'une autre pièce*)
– Les enfants ! ! ! Éteignez la télé !!!
– On a éteint !

9.
– Pas de problème pour la chambre ?
– Non, vous avez réservé. Elle est
retenue à votre nom.

10.
– Tu as grandi !
– J'ai 7 ans !
– Tu es une grande fille maintenant !

11.
– Allô ! Jacques ?
– Non, c'est Philippe. Jacques est
sorti.

B. Observez

Formation du passé composé
Passé composé = auxiliaire être ou avoir + participe passé

J'**ai** trouvé	Je **suis** parti(e)	Je me **suis** dépêché(e)
Tu **as** trouvé	Tu **es** parti(e)	Tu t'**es** dépêché(e)
Il **a** trouvé	Il **est** parti	Il s'**est** dépêché
Elle **a** trouvé	Elle **est** partie	Elle s'**est** dépêchée
Nous **avons** trouvé	Nous **sommes** parti(e)s	Nous nous **sommes** dépêché(e)s
Vous **avez** trouvé	Vous **êtes** parti(e)(s)	Vous vous **êtes** dépêché(e)(s)
Ils **ont** trouvé	Ils **sont** partis	Ils se **sont** dépêchés
Elles **ont** trouvé	Elles **sont** parties	Elles se **sont** dépêchées

Entraînez-vous à poser des questions à la forme affirmative et négative.

À propos d'un travail ou d'une occupation :

Tu as fini ou… ?   *Tu as fini ou tu n'as pas fini ?*

1. À propos d'un problème, d'une question :

Vous avez compris ou vous *n'avez pas compris* ?

2. À propos d'une lettre, d'un fax :

Il a répondu ou il *n'a pas répondu* ?

3. À propos d'un plat, d'une boisson :

Tu as goûté ou tu *n'as pas goûté* ?

Tu as aimé ou tu *n'as pas aimé* ?

4. À propos d'une réunion, d'une conférence :

Ça a commencé ou ça *n'a pas commencé* ?

Ça s'est bien passé ou ça *ne s'est pas bien passé* ?

5. À propos d'une invitation, d'une proposition :

Ils ont accepté ou ils *n'ont pas accepté* ?

Ils ont refusé ou *n'ont pas refusé* ?

6. À propos d'un examen :

Elle a réussi ou elle *n'a pas réussi* ?

Elle a échoué ou elle *n'a pas échoué* ?

7. À propos d'une adresse, d'un numéro de téléphone :

Vous avez noté ou vous *n'avez pas noté* ?

8. À propos d'un film, d'une pièce de théâtre :

Tu as trouvé bien ou tu *n'as pas trouvé bien* ?

9. À propos d'une question posée :

Vous avez entendu ou vous *n'avez pas entendu* ?

ÉCRIT ET ORAL SOUTENU : ne… pas   négation 218

« Tu n'as pas fini ? »   « Je n'ai pas compris »

ORAL FAMILIER : … pas

« Tu as pas fini ? » [tyapafini]

ou

« T'as pas fini ? » [tapafini]   « J'ai pas compris » [ʒepakɔ̃pʀi]

Passé composé : entraînement

A. Complétez.

1. « Comme tu (*grandir*) ! Quel âge as-tu ? » — *Tu as grandi*

2. « Vous (*ne pas changer*), vous (*ne pas vieillir*) du tout. » — n'avez pas changé / vieilli

3. « Les vacances t'ont fait du bien. Tu (*rajeunir*) et tu (*embellir*). » — tu as rajeuni, as embelli

4. « C'est fou ce qu'il (*grossir*) ! Il est énorme ! » — a grossi

5. « Je (*ne pas maigrir*), maman, j'(*mincir*). » — J'ai pas maigri j'ai minci

6. « Finies, les jupes longues ! La mode (*raccourcir*). »

7. « Zut ! mon pull (*rétrécir*) au lavage. » — a rétréci

8. « Nous (*agrandir*) notre bureau et nous (*élargir*) les fenêtres pour avoir plus de lumière. » — avons agrandi avons élargi

9. « Vous (*rougir*) ? Vous (*pâlir*) pourquoi ? » — avez rougi avez

10. « Le temps (*se refroidir*) ? — s'est refroidi
    – Oui, la température (*se fraîchir*). » — s'est fraîchi

11. « Son caractère (*s'assouplir*). — s'est assoupli
    – Oui, il (*se radoucir*). » — il s'est radouci

12. « Vous (*brunir*). — avez bruni
    – Oui, c'est l'air de la mer ! »

B. Récapitulez.

ADJECTIF →	VERBE	ADJECTIF →	VERBE
grande	grandir	belle	embellir
vieille	vieillir	laide	enlaidir
rouge	rougir	large	élargir
grosse	grossir	grande	agrandir
maigre	maigrir	froide	refroidir
mince	mincir	courte	recourcir
pâle	pâlir	étroite	étroitir / rétrécir

Devant m, b, p, met toujours "m".

Passé composé (auxiliaire être ou avoir) : observation

A. Rétablissez l'ordre chronologique des récits.

1.

elle est tombée

elle est repartie

elle s'est relevée

Elle est tombée, elle s'est relevée
puis elle est repartie.

2.

nous avons mangé

nous avons choisi un restaurant

nous avons payé

nous sommes entré(e)s *on accorde*

nous sommes sorti(e)s

nous avons commandé

nous avons choisi un resto
nous sommes entés
nous avons commandé
nous avons mangé
nous avons payé
nous sommes sortis

3.

je suis redescendu(e)

je suis passé(e) devant chez toi

personne n'a répondu

je suis revenu(e) une heure plus tard

je suis monté(e)

j'ai sonné

je suis passé devant chez toi
j'ai sonné
personne n'a répondu
je suis revenu une heure plus tard
je suis monté
je susuis redescendu

4.

elle est morte en 1962

elle est née en 1926

elle a vécu à Hollywood

elle est devenue actrice

elle est née en 1926
elle est vécu à hollywood
elle est devenue actrice
elle est morte en 1962

5.

il est monté en voiture

il est descendu en ambulance

il a skié une heure

il s'est cassé la jambe

il a skié une heure
il est descendu en ambulance
il est monté en voiture
il s'est cassé la jambe

6.

la mère a réveillé le père 2   . . . .

les enfants ont réveillé l'immeuble 4   . . . .

le père a réveillé les enfants 3   . . . .

la mère s'est réveillée 1   . . . .

7.

je suis resté(e) à la séance suivante 4   . . . .

je suis entré(e) dans la salle de cinéma 1 . . . .

je me suis endormi(e) 3   . . . .

je me suis assis(e) 2   . . . .

8.   *sur la lune*

ils ne s'y sont pas plu 5 ?   . . . .

ils ne sont jamais retournés sur la lune 4 . . . .

ils ont quitté la terre 1   . . . .

ils sont arrivés sur la lune 2   . . . .

ils sont revenus 3   . . . .

ils ne sont pas plus sur la lune

B. Notez dans le tableau l'infinitif des verbes qui se construisent avec l'auxiliaire « être ».

VERBES PRONOMINAUX	VERBES NON PRONOMINAUX
se relever	*tomber*
se casser la jambe	monter
se reveiller	repartir
s'endormir	descendre
s'habiller	rester
s'asseoir	arriver
se plaire	sortir
	entrer
	naître

Remarque : Les séquences d'événements qui forment la trame chronologique du récit s'expriment toujours au passé composé.

PASSÉ COMPOSÉ

ÊTRE
+
participe passé

SE + verbe

Je me suis réveillé(e) tôt.
Il s'est renseigné.
Vous vous êtes amusé(e)s ?
Tu t'es trompé(e).
Ils se sont aimés.
Nous nous sommes excusé(e)s.
Elle s'est endormie.

aller/venir
arriver/partir
entrer
naître/mourir
rester/tomber
demeurer
devenir
parvenir

Elle est allée au cinéma.
Son père est mort.
Ils sont partis hier.
Nous sommes arrivé(e)s tard.
Tu es resté(e) longtemps ?
Vous êtes né(e) où ?
Je suis venu(e) seul.
Je suis parvenu(e) à comprendre.
Elles sont tombées.
Il est demeuré sans voix.
Il est devenu fou.

monter/descendre
sortir
passer
retourner
rentrer

Je suis monté(e) dans le train.
Vous êtes descendu(e) à l'hôtel ?
Il est sorti avec le chien.
Tu es passé(e) chez moi ?
Ils sont retournés dans leur pays.
Elle est rentrée chez elle.

monter/descendre
sortir
passer
retourner
rentrer

+ complément d'objet

J'ai monté la valise dans le train.
Vous avez descendu la poubelle ?
Il a sorti le chien.
Tu as passé tes vacances où ?
Ils ont retourné la lettre.
Elle a rentré la voiture dans le garage.

AVOIR
+
participe passé

TOUS LES AUTRES VERBES

Tu as compris ?
Il a mangé.
Vous avez vu ce film ?
Ils ont bien ri.
Nous avons discuté tard.
J'ai fini.

Passé composé (être ou avoir) : observation/entraînement

A. Observez le choix de l'auxiliaire et l'accord du participe passé

complém ↓

Je suis monté(e) dans le train.	**MAIS**	J'ai monté la valise dans le train.
Ils sont descendus du camion.		Ils ont descendu les meubles du camion.
Elle est rentrée chez elle.		Elle a rentré la voiture au garage.
Je suis sorti(e).		J'ai sorti un paquet de cigarettes de ma veste.
Elle est passée à Athènes.		Elle a passé ses vacances à Athènes.
Ils sont retournés voir le film.		Ils ont retourné leurs chaises.

Être ? avoir ? pourquoi ?   *Complément*

B. Transformez au passé composé les phrases suivantes.

1. La femme de chambre monte le petit-déjeuner.
La femme de chambre a monté le petit déjout

2. La femme de chambre monte par l'escalier de service.
La femme de chambre est montée par l'escalier de service

3. Ils sortent d'une voiture grise.
Ils sont sorti d'une voiture gris

4. Ils sortent une grosse valise du coffre.
ils ont sortí une grosse valise du coffre

5. L'espion passe la frontière sans problèmes.
L'espion a passé la frontière sans problèmes

6. L'espion passe devant le poste de douane sans contrôle.
L'espion est passé devant le poste de douane sans contrôle

7. Elle descend les pistes à toute allure.
elle a descendu les pistes à toute allure

8. Elle descend à skis.
elle est descendu à skis

9. Il rentre la tête dans les épaules à cause du froid.
il a rentré la tête dans les épaules à cause

10. Il rentre chez lui à pied.
il est rentré chez lui à pied

C. Racontez au passé.

Il descend de sa moto. Il rentre précipitamment dans l'immeuble. Il passe devant les boîtes aux lettres. Il monte l'escalier quatre à quatre. Il s'arrête devant une porte. Il sort une clé de sa poche. Il rentre de force la clé dans la serrure. La clé rentre mais ne tourne pas. Il redescend quatre à quatre. Il repasse devant les boîtes aux lettres. Il sort de l'immeuble. Il passe sa main sur son front. Il remonte sur sa moto et repart en trombe.

Infinitifs

P. passés								
Son	graphie	Tous les verbes en – er	-Ir	-ire, -ure -aire, -ore	-oir -oire	-endre -ondre	-dre	-tre, -cre -lire, -pre
[e]	é	aimer→aimé, aller→allé; appeler→appelé; répéter→répété; payer→payé; envoyer→envoyé; ennuyer→ennuyé						naître→né; être→été
[i]	i		finir→fini; fuir→fui; partir→parti; acquérir→acquis; conquérir→conquis	rite→ri; suffire→suffi; nuire→nui				suivre→suivi
	is			dire→dit; écrire→écrit; prescrire→prescrit; conduire→conduit; traduire→traduit; séduire→séduit	s'asseoir→assis	prendre→pris et composés		mettre→mis et composés
	it							
[y]	u		tenir→tenu; venir→venu et composés; courir→couru; vêtir→vêtu	lire→lu; conclure→conclu; plaire→plu; se taire→tu; pouvoir→pu	avoir→eu; voir→vu; recevoir→reçu; apercevoir→aperçu; savoir→su; pleuvoir→plu; défendre→défendu; vouloir→voulu; valoir→valu; falloir→fallu; mouvoir→mû; boire→bu; croire→cru	vendre→vendu; tendre→tendu et composés; rendre→rendu; résoudre→résolu; descendre→descendu; tondre→tondu; confondre→confondu	perdre→perdu; mordre→mordu; moudre→moulu; coudre→cousu; battre→battu; vaincre→vaincu	vivre→vécu; paraître→paru; connaître→connu; croître→crû
[ɛ]	us			inclure→inclus				
	ait			faire→fait; distraire→distrait; extraire→extrait				
[ɛ̃]	eint						peindre→peint; éteindre→éteint; atteindre→atteint; feindre→feint; craindre→craint; contraindre→contraint	
[wɛ̃]	oint						joindre→joint	
[ɛʁ]	ert		couvrir→couvert; offrir→offert; ouvrir→ouvert					
[ɔʁ]	ort		mourir→mort					
[o]	os			clore→clos				
[u]	ous						dissoudre→dissous	

Majorité des verbes

Testez régulièrement vos connaissances des participes passés
de ces verbes fréquents.

acquérir	mourir . . . .
apercevoir	obtenir . . . .
apparaître	offrir . . . .
apprendre	ouvrir . . . .
asseoir (s')	partir . . . .
atteindre	peindre . . . .
attendre	perdre . . . .
avoir	permettre . . . .
battre (se)	plaindre (se) . . . .
boire	plaire . . . .
comprendre	pleuvoir . . . .
conclure	pouvoir . . . .
conduire	prendre . . . .
connaître	promettre . . . .
construire	recevoir . . . .
courir	reconnaître . . . .
couvrir	rejoindre . . . .
craindre	rendre . . . .
croire	répondre . . . .
cuire	réussir . . . .
découvrir	savoir . . . .
devenir	servir (se) . . . .
devoir	sortir . . . .
dire (re)	souffrir . . . .
disparaître	souvenir (se) . . . .
dormir	suivre . . . .
écrire	taire (se) . . . .
émouvoir	tenir . . . .
enfuir (s')	traduire . . . .
éteindre	vaincre . . . .
falloir	valoir . . . .
finir	vendre . . . .
interrompre	venir . . . .
intervenir	vivre . . . .
mettre	voir . . . .
mordre	vouloir . . . .

Passé composé – Accord des participes passés : tableau

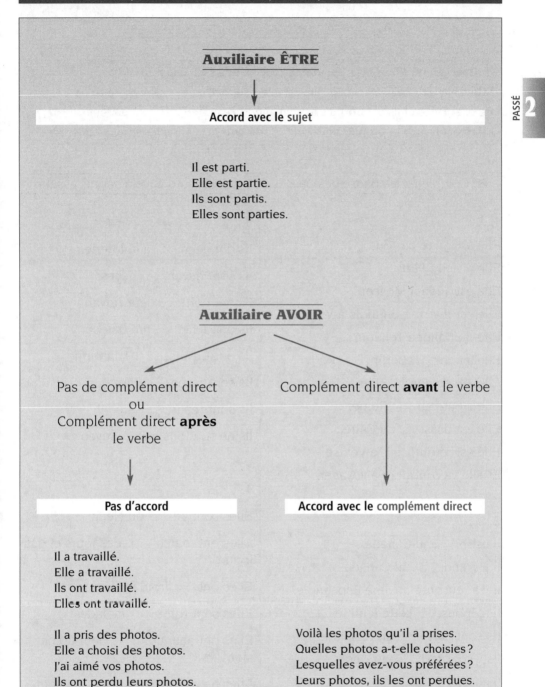

Auxiliaire ÊTRE

Accord avec le sujet

Il est parti.
Elle est partie.
Ils sont partis.
Elles sont parties.

Auxiliaire AVOIR

Pas de complément direct
ou
Complément direct **après**
le verbe

Complément direct **avant** le verbe

Pas d'accord

Accord avec le complément direct

Il a travaillé.
Elle a travaillé.
Ils ont travaillé.
Elles ont travaillé.

Il a pris des photos.
Elle a choisi des photos.
J'ai aimé vos photos.
Ils ont perdu leurs photos.

Voilà les photos qu'il a prises.
Quelles photos a-t-elle choisies ?
Lesquelles avez-vous préférées ?
Leurs photos, ils les ont perdues.

Passé composé – Accord des participes passés : entraînement

A. Observez l'accord des participes passés.

Il a mang**é** et il a b**u** puis il est all**é** se coucher et il s'est endorm**i**.

Elle a mang**é** et elle a b**u** puis elle est all**ée** se coucher et s'est endorm**ie**.

Ils ont mang**é** et ils ont b**u** puis ils sont all**és** se coucher et se sont endorm**is**.

Elles ont mang**é** et b**u** puis elles sont all**ées** se coucher et elles se sont endorm**ies**.

B. Complétez les participes passés et faites l'accord si cela est nécessaire.

1.

Elle a voyag**é** partout.

Elle a visit**é** Paris.

Elle est all**ée** à Moscou.

Elle est rest. . . un mois à Venise.

Elle doit aller à Téhéran.

Elle a ador. . . Berlin.

Elle a bien aim. . . Lima.

Elle a parcour. . . Rome.

Elle est pass. . . au Caire.

Elle est retourn. . . à Venise.

Et elle va continuer à voyager.

2.

Il est n. . . au Canada.

Il a grand. . . au Canada.

Il y a rencontr. . . une Espagnole.

Il a épous. . . cette femme.

Ils sont part. . . en Espagne.

Ils y sont rest. . . dix ans.

Ils ont divorc. . . .

Sa femme est rest. . . en Espagne.

Il est retourn. . . au Canada.

3.

Ils ont gagn. . . à la loterie.

Ils sont deven. . . riches.

Ils ont quitt. . . leur travail.

Ils ont achet. . . un bateau.

Ils ont travers. . . l'Atlantique.

Ils sont reven. . . chez eux.

Ils sont repart. . .

Ils ne sont pas encore reven. . . !

4.

Elles sont all. . . au Népal.

Elles ont march. . . des jours et des jours.

Elles ont. . . froid et faim (*avoir*).

Elles sont tomb. . . malades.

Elles ont abandonn. . . leur ascension.

Elles ne sont pas mont. . . au sommet

Elles sont redescend. . . .

Passé composé – Accord des participes passés : observation

A. Observez.

Elle a **ouvert** le livre ?	Elle a **ouvert** la lettre ?
Oui, elle l'a **ouvert** et elle l'a lu.	Oui, elle l'a **ouvertes** et elle l'a **lue**.
Elle a **lu** les livres ?	Elle a **lu** les lettres ?
Oui, elles les a **ouverts** et elles les a lus.	Oui, elle les a **ouvertes** et elle les a lues.

B. Complétez.

1. Il a rempli le verre et il l'a vid. . . .
   Il a rempli la bouteille et il l'a vid. . . .

2. J'ai cherché ton adresse mais je ne l'ai pas trouv. . . .
   J'ai cherché le numéro de téléphone mais je ne l'ai pas trouv. . . .

3. Elle a ouvert la fenêtre puis elle l'a referm. . . .
   Elle a ouvert les yeux puis les a referm. . . .

4. Il a écrit un poème puis il l'a déchir. . . et réécr. . . .
   Il a écrit une lettre puis il l'a déchir . . . et réécr. . . .

5. Nous avions perdu nos papiers mais nous les avons retrouv. . . .
   Nous avions perdu nos clés mais on nous les a rapport. . . .

6. Ils ont détruit l'immeuble mais ils ne l'ont pas reconstru. . . .
   Le séisme a détruit la ville mais les habitants l'ont reconstru. . . .

C. Observez

Avez-vous visit**é** beaucoup de pays étrangers ? Quels pays avez-vous visité**s** ? Lesquels avez-vous préféré**s** ? Vous les avez visité**s** seul(e) ou avec un guide ? Les pays que vous avez parcouru**s** sont-ils très différents du vôtre ?

D. Réécrivez en remplaçant « pays » par « villes ».

Avez-vous visité beaucoup de *villes étrangères* ? *Quelles villes* avez-vous visité(e)s ?

. . . .

. . . .

. . . .

. . . .

. . . .

Accord des participes passés : observation/entraînement

A. Observez.

Se + verbe (pronominaux réfléchis)		
Accord sujet	**Pas d'accord**	**Accord complément d'objet**
Il s'est lavé.	Il s'est lavé le visage ?	Oui, il se l'est lavé.
Elle s'est lavée.	Elle s'est lavé la tête ?	Oui, elle se l'est lavée.
Ils se sont lavés.	Ils se sont lavé les mains ?	Oui, ils se les sont lavées.
Elles se sont lavées.	Elles se sont lavé les dents ?	Oui, elles se les sont lavées

B. Complétez.

DIMANCHE MATIN D'HIVER

Il s'est réveill. . . .
Il a réveill. . . sa femme.
Elle s'est réveill. . . .
Il s'est lev. . . .
Elle s'est lev. . . .
Ils ont regard. . . le temps.
Elle s'est recouch. . . .
Il s'est recouch. . . .
Ils se sont rendorm. . . .

SÉRIE NOIRE FAMILIALE

Il est tomb. . . et s'est cass. . . la jambe.
Son fils s'est tord. . . le genou.
Sa fille s'est cogn. . . la tête.
Sa femme s'est mord . . . la langue.
Son frère s'est coup. . . un doigt.
Son père s'est écras. . . le pied.
Ses neveux se sont ouvert. . . la joue.

C. De quels objets peut-il être question ? Choisissez en fonction du genre et du nombre marqué par l'accord.

SOUVENIRS DE VOYAGE

Je me le suis acheté en Iran.   *un tapis*

Je me le suis acheté au Japon.   . . . .

Je me la suis achetée en Suisse.   . . . .

Je me les suis achetées en Italie.   . . . .

Je me la suis achetée en Espagne.   . . . .

Je me les suis achetées au Canada.   . . . .

A. Observez.

Construction sans « à »	Construction avec « à »
Accord avec le sujet	**Pas d'accord**
~~Ils se sont écrit (écrire à quelqu'un).~~	→ Ils se sont téléphoné
Ils ne se sont pas vus (voir quelqu'un).	(téléphoner à quelqu'un).
Elles ne se sont pas rencontrées.	→ Ils se sont écrit (écrire à quelqu'un).
Elles ne se sont pas comprises.	Elles ne se sont pas dit bonjour.
	(dire bonjour à quelqu'un)

B. Complétez le tableau avec les verbes suivants conjugués passé composé (ils ou elles).

s'inviter • s'embrasser • se sourire • se connaître • se découvrir • s'apercevoir •
se quitter • se recevoir • se séparer • se saluer • se remarquer • s'épouser • s'écrire •
se plaire • se succéder

C. Écoutez et écrivez le poème.

SANS « à »   *« à »*

inviter	sourire
embrasser	séparer de quelqu'un
connaître	écrire
découvrir	succéder
apercevoir	
quitter	
recevoir	
saluer	
remarquer	
épouser	
plaire	

A. Complétez les enquêtes et échangez.

ENQUÊTE : LES OCCUPATIONS DU DIMANCHE

Que faites-vous d'habitude le dimanche?	Qu'avez-vous fait dimanche dernier?
❑ Vous restez chez vous?	❑ *Vous êtes resté(e) chez vous?*
❑ Vous travaillez?	❑ . . . .
❑ Vous dormez beaucoup?	❑ . . . .
❑ Vous regardez la télé?	❑ . . . .
❑ Vous allez au cinéma?	❑ . . . .
❑ Vous faites du sport?	❑ . . . .
❑ Vous lisez beaucoup?	❑ . . . .
❑ Vous sortez le soir?	❑ . . . .
❑ Vous vous promenez?	❑ . . . .
❑ Vous recevez des amis?	❑ . . . .

ENQUÊTE : LES VACANCES D'ÉTÉ

Que faites-vous d'habitude pendant vos vacances?	Qu'avez-vous fait pendant vos dernières vacances?
❑ Vous allez à l'étranger?	❑ *Vous êtes allé(e) à l'étranger?*
❑ Vous partez seul?	❑ . . . .
❑ Vous vous reposez?	❑ . . . .
❑ Vous visitez des lieux touristiques?	❑ . . . .
❑ Vous restez au même endroit?	❑ . . . .
❑ Vous voyagez beaucoup?	❑ . . . .
❑ Vous campez?	❑ . . . .
❑ Vous descendez à l'hôtel?	❑ . . . .
❑ Vous allez chez des amis?	❑ . . . .
❑ Vous passez vos vacances en famille?	❑ . . . .
❑ Vous êtes actif?	❑ . . . .
❑ Vous faites des stages?	❑ . . . .

B. Entraînez-vous aussi à poser ces questions à la forme négative.

oui, si, non 206

Présent/passé composé : entraînement

quand ? 239

Complétez les phrases suivantes.

1. D'habitude je dors bien toute la nuit mais cette nuit…
   j'ai mal dormi, j'ai fait des cauchemars.
   ou je n'ai pas bien dormi, j'ai eu une insomnie.

2. D'habitude nous marchons chaque jour, mais hier à cause de la neige . . . .
   je suis tombé sur le bra *, et je l'ai cassé*

3. Elle ne boit pas d'habitude à midi, mais aujourd'hui, exceptionnellement
   elle a bu du vin, et elle n'a pas bu d'eau

4. Je le vois d'habitude tous les jours mais hier je *ne l'ai pas vu,*
   il n'était pas là

5. Elle a l'habitude de se lever tard le dimanche, mais dimanche dernier . . . .
   elle est aller au parc assez tôt .

6. Habituellement nous ne regardons pas beaucoup la télévision, mais la
   semaine dernière *nous avons regardé un*
   programme (qui était assez long)
   (qui a duré 5 heures.

7. Ils se réunissent une fois par mois d'habitude mais le mois dernier . . . .
   ils ne se sont pa réunit

8. Il rentre chez lui tous les soirs d'habitude de bonne heure mais hier soir . .
   il est rentré beaucoup plus tard

9. D'habitude le facteur passe le matin entre 9 et 10 heures, mais aujourd'hui
   il est passé plus tôt .

10. Tous les matins il prend le métro pour aller travailler mais ce matin excep-
    tionnellement *il a pris le bus .*

11. D'habitude, elle ne s'énerve pas et ne se met pas en colère mais ce matin
    elle s'est énervé et elle s'est mis en
    (elle a crié très fort) colère

12. D'habitude elles se téléphonent une fois par semaine, mais cette semaine,
    elles se sont téléphone plusiers fois

debarquement

Passé composé – verbes pronominaux : entraînement

A. Complétez les phrases au passé composé oralement puis par écrit

Phrases affirmatives.

Je (*s'endormir*) au cinéma hier soir.   Je me suis endormi(e).

1. Excusez-moi, je (*s'énerver*).   . . . .

2. Excusez-nous, nous (*se tromper*).   . . . .

3. Vous (*s'amuser*) à cette soirée ?   . . . .

4. Tu (*s'inquiéter*) ? Pourquoi ?   . . . .

5. Il (*se décider*) rapidement ?   . . . .

6. Elle (*s'enfermer*) dans sa chambre.   . . . .

7. À quelle heure ils (*se coucher*) ?   . . . .

8. Ce matin, je (*se réveiller*) très tôt.   . . . .

9. Je (*se dépêcher*) de venir.   . . . .

Phrases négatives.

Je (*ne pas s'ennuyer*) du tout.   Je ne me suis pas ennuyé(e) du tout.

1. Pourquoi tu ne (*ne pas se raser*) ?   . . . .

2. Pourquoi est-ce qu'elle (*ne pas s'excuser*) ? . . . .

3. Tu (*ne pas s'inquiéter*) de ne pas la voir ?   . . . .

4. Elle (*ne pas s'étonner*) de te voir ?   . . . .

5. Je (*ne pas se coucher*) cette nuit.   . . . .

6. Ils (*ne pas s'arrêter*) chez vous ?   . . . .

7. Vous (*ne pas se tromper*) dans l'addition ?   . . . .

8. On (*ne pas s'inquiéter*) du tout.   . . . .

B. Prononcez les phrases négatives sans prononcer le « ne »

J'me suis pas en ennuyée du tout.

Passé composé – verbes pronominaux : entraînement

A. Observez.

adverbes 186...

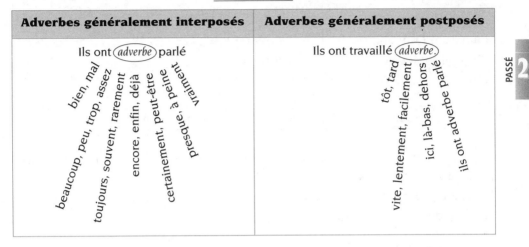

Adverbes généralement interposés	Adverbes généralement postposés
Ils ont _adverbe_ parlé	Ils ont travaillé _adverbe._
bien, mal beaucoup, peu, trop, assez toujours, souvent, rarement encore, enfin, déjà certainement, peut-être presque, à peine vraiment	tôt, tard vite, lentement, facilement ici, là-bas, dehors ils ont adverbe parlé

PASSÉ **2**

B. Complétez.

VERBE	ADVERBE	
1. partir	déjà	Il _est déjà parti._
2. se lever	tard	Ils _se sont levés tard._
3. boire	trop	J' . . . .
4. finir	presque	On . . . .
5. rire	beaucoup	Nous . . . .
6. se terminer	vite	La discussion . . . .
7. avoir de la chance	vraiment	Tu . . . .
8. applaudir	à peine	Le public . . . .
9. téléphoner	peut-être	Elle . . . .
10. se perdre	certainement	Ils . . . .
11. penser à vous	souvent	J' . . . .
12. déjeuner	dehors	Nous . . . .
13. se maquiller	beaucoup trop	Elle . . . .
14. vivre en France	toujours	Nous . . . .
15. arriver	rapidement	Les secours . . . .
16. s'adapter	facilement	Je . . . .
17. s'intégrer	bien	Je . . . .

Passé composé : échanges

Depuis un siècle

Le monde s'est-il transformé ?
La nature humaine s'est-elle transformée ?
Les mentalités se sont-elles transformées ?
Les échanges économiques se sont-ils transformés ?

A. Formulez les questions comme dans l'exemple.

Les conditions de vie (*s'améliorer*).   *Les conditions de vie se sont-elles améliorées ?*

1. L'éducation (*se démocratiser*). . . . .
2. Les relations humaines (*s'enrichir*). . . . .
3. Les idées démocratiques
   (*se répandre*). . . . .
4. Le pouvoir d'achat (*augmenter*). . . . .
5. Les moyens de communication
   (*se développer*). . . . .
6. La communication entre les
   hommes (*s'améliorer*). . . . .
7. La nature (*se dégrader*). . . . .
8. La vie politique (*se moraliser*). . . . .
9. La musique (*se renouveler*). . . . .
10. Les mentalités (*se transformer*). . . . .
11. La façon de se nourrir (*évoluer*). . . . .
12. Les performances sportives
    (*progresser*). . . . .
13. Les échanges internationaux (*se
    multiplier*). . . . .
14. Les relations entre les peuples (*se
    détendre*). . . . .
15. Les hommes et les femmes
    (*changer*). . . . .

B. Échangez. Notez vos réponses à quelques questions.

. . . .
. . . .
. . . .
. . . .

A. Transformez au passé composé

LA JOURNÉE DE MONSIEUR LESAGE

D'HABITUDE	HIER COMME D'HABITUDE
Il se lève à 6 h 30.	Il s'est levé à 6 h 30.
Il allume sa radio.	. . . .
Il prépare son petit-déjeuner.	. . . .
Il donne à manger à ses chats.	. . . .
Il prend son petit-déjeuner.	. . . .
Il fait un peu de ménage.	. . . .
Il s'habille pour sortir.	. . . .
Il descend faire ses courses.	. . . .
Il ouvre sa boîte aux lettres.	. . . .
Il remonte chez lui.	. . . .
Il lit son journal.	. . . .
Il prépare son déjeuner.	. . . .
Il déjeune en écoutant les nouvelles.	. . . .
Il se repose un peu dans son fauteuil.	. . . .
Il sort se promener.	. . . .
Il revient chez lui vers 5 heures.	. . . .
Il met ses pantoufles.	. . . .
Il répond à son courrier.	. . . .
Il téléphone à la météo.	. . . .
Il dîne vers 7 h 30.	. . . .
Il regarde les informations.	. . . .
Il joue aux échecs avec son ordinateur.	. . . .
Il se couche. Il s'endort vers 8 heures.	. . . .
Son réveil sonne à 6 h 25.	. . . .
Il se lève à 6 h 30.	. . . .

B. Imaginez l'emploi du temps d'un personnage de votre choix (chef d'État, sportif, acteur, facteur, médecin, chef d'entreprise, cosmonaute…).

Passé composé : échanges

A. Lisez.

négation 219

> Au lieu de compter les moutons, quand je suis éveillé, tôt le matin, je dresse parfois l'inventaire des choses que je n'ai pas faites.
> – Quoi par exemple ?
> – Je n'ai jamais fait de ski, ni de surf, je n'ai jamais appris à jouer d'un instrument de musique ou à parler une langue étrangère ou à faire de la voile ou de l'équitation. Je n'ai jamais escaladé de montagne ni planté de tente ou pêché un poisson. Je n'ai jamais vu les chutes du Niagara, je ne suis jamais monté au sommet de la Tour Eiffel et je n'ai jamais visité les pyramides.
>
> David Lodge, *Le British Museum*

B. Formulez des questions comme dans les exemples.

1. jouer dans un film   (Est-ce que) *vous avez déjà joué dans un film ?*

2. entrer dans des *lieux* interdits   (Est-ce que) *vous êtes déjà entré dans des lieux interdits ?*

3. rater un train . . . .

4. pleurer au cinéma . . . .

5. sortir sans payer (d'un café, d'un magasin…)   . . . .

6. vivre seul(e) . . . .

7. mordre quelqu'un . . . .

8. passer à la télévision . . . .

9. dormir à la belle étoile . . . .

10. passer une nuit blanche . . . .

11. chanter en public . . . .

12. consulter une voyante . . . .

13. rester plusieurs jours sans manger . . . .

14. sauter en parachute . . . .

15. avoir très peur . . . .

16. avoir un coup de foudre . . . .

17. sauver la vie de quelqu'un . . . .

18. monter à plus de 3 000 mètres . . . .

19. marcher sur les mains . . . .

20. faire un régime pour maigrir . . . .

21. écrire des poèmes . . . .

22. manger du caviar . . . .

23. se faire agresser . . . .

24. se déguiser . . . .

25. s'endormir au cinéma . . . .

26. se fâcher avec un(e) ami(e) . . . .

27. s'enfuir de chez soi . . . .

28. se couper les cheveux soi-même . . . .

29. gagner à la loterie . . . .

30. conduire un camion . . . .

C. Échangez, demandez et donnez des précisions (où ? quand ? combien de fois ? pourquoi ? comment ? à quelle occasion ? etc.).

D. Écrivez un texte à la manière du texte de David Lodge.

. . . .

. . . .

. . . .

. . . .

. . . .

. . . .

. . . .

. . . .

. . . .

. . . .

. . . .

Passé composé : créativité

A. Voici quelques débuts de récits. Terminez-les à votre manière.

1. Il a pris un couteau dans un tiroir, il s'est assis . . . .
. . . .
. . . .

2. Elle est montée dans le train. Elle a cherché un compartiment vide. Elle s'est installée. Elle a ouvert sa serviette . . . .
. . . .
. . . .

3. Il a descendu les escaliers quatre à quatre. Il est sorti de l'immeuble en courant. Il a traversé la place . . . .
. . . .
. . . .

4. Il a entendu sonner. Il a regardé par le judas. Il est resté sans bouger derrière la porte. On a sonné une deuxième fois . . . .
. . . .
. . . .

5. Elle est entrée chez elle. Elle a enlevé son manteau. Elle a posé son sac sur un meuble. Elle a entendu un bruit. Elle s'est retournée . . . .
. . . .
. . . .

6. Ils sont arrivés en voiture. Ils se sont arrêtés devant la banque. Ils sont descendus de voiture . . . .
. . . .
. . . .

B. Par groupes, faites une lecture ou une dictée mimée des récits imaginés.

Passé composé : créativité

A. À partir de ces photos et en vous aidant des questions, imaginez la vie de ces deux hommes.

- Quand sont-ils nés et où ?

- Ont-ils eu une enfance heureuse, malheureuse ?

- Sont-ils restés dans leur pays ? L'ont-ils quitté ? Y sont-ils retournés ?

- Ont-ils vécu seuls ? Se sont-ils mariés ? Ont-ils divorcé ? Ont-ils eu des enfants ?

- Ont-ils connu des bonheurs, des malheurs, des guerres ?

PASSÉ **2**

- Quel genre de vie ont-ils mené ? Ont-ils eu une vie simple, compliquée, solitaire, mondaine, calme, agitée, ordinaire, extraordinaire… ?

- Ont-ils eu de l'influence sur leur entourage ? Ont-ils été influencés par d'autres ?

- Ont-ils participé à la vie publique ? Ont-ils joué un rôle dans la vie politique, littéraire, scientifique, sportive… ? Sont-ils devenus célèbres ?

- Se sont-ils rencontrés ?

- Vivent-ils encore ou bien sont-ils morts ?

B. Dictée.

2 PASSÉ

Test oral

1. Tu (*prendre*) quel bus ce matin ?
2. À quelle heure la bibliothèque (*ouvrir*) ses portes ce matin ?
3. Cette émission nous (*plaire*).
4. Je vous (*attendre*) deux heures !
5. Tu (*ne pas savoir*) répondre à cette question ?
6. Il (*pleuvoir*) hier toute la journée.
7. On (*ne pas frapper*) ? Il me semble que j'(*entendre*) frapper.
8. Elle (*avoir*) vingt ans la semaine dernière.
9. Qui vous (*conduire*) ici ? Je (*ne voir*) aucune voiture arriver.
10. Qu'est-ce que tu (*faire*) ce week-end ? Tu (*se reposer*) ?
11. Je (*ne pas lire*) ce rapport, je (*ne pas avoir le temps*).
12. Elles (*ne pas pouvoir*) venir mais elle (*se faire excuser*).
13. Où est-ce que vous (*se connaître*) ?
14. Qu'est-ce que tu (*dire*) ? Je (*ne pas entendre*).
15. Elles (*devoir*) partir, elles (*sortir*) précipitamment.
16. Nous (*obtenir*) satisfaction.
17. Vous (*naître*) où ? Vous (*vivre*) où ?
18. Il (*boire*) beaucoup hier soir ? Il (*ne pas se retenir*).
19. Je (*passer*) dix ans à Bruxelles. Je (*se plaire*) dans cette ville.
20. Il (*être*) très malade, mais il (*guérir*).
21. Qu'est-ce qu'ils vous (*offrir*) pour votre anniversaire ?
22. Nous (*ne pas mettre*) une heure en voiture pour venir.
23. Tu (*suivre*) un cours de dessin l'année dernière ?
24. Il (*commencer*) à écrire ses mémoires.
25. Elle (*ne pas croire*) ce que je lui (*raconter*).
26. On (*voir*) un film formidable hier soir, on (*regretter*) que tu ne sois pas avec nous.
27. Vous m'(*manquer*) beaucoup pendant votre absence.
28. Vous (*ne pas s'ennuyer*) ?

Test écrit

Tu as pris
La bibliothèque a ouvert

....

....

....

....

....

....

....

....

....

....

....

....

....

....

....

....

....

....

....

....

....

....

....

....

....

A. Lisez ce texte.

PASSÉ 2

Décor
Une plage. Une table, deux chaises. Sur la table deux grands verres remplis et des pailles.
Deux cabines de plage : cabine A et cabine B.

Personnages
Un homme d'un certain âge.
Une femme d'un certain âge.

Situation
Couchés sur le sable en maillot de bain, l'homme et la femme prennent un bain de soleil. Imperturbables, ils se dorent au soleil.

Scénario
La femme d'un certain âge se lève et entre dans la cabine A. L'homme d'un certain âge se lève l'air pincé, et s'approche de la cabine A. À travers une fente, il regarde à l'intérieur. Pour mieux voir, il sort un monocle d'un étui. Après quelques instants, il cesse de regarder et, l'air d'un gentleman, il revient s'étendre sur le sable. Peu après la femme sort de la cabine, élégamment vêtue, avec un grand chapeau sur la tête. Elle va s'asseoir sur une chaise près de la table. Elle boit, à une vitesse record, à l'aide d'une paille, le contenu de l'un des deux verres.

L'homme se lève et se dirige vers la cabine B où il entre. La femme se lève, l'air distingué, même pincé, et elle s'approche de la cabine B. Elle regarde à travers une fente. Pour mieux voir, elle retire son chapeau. Peu après elle retourne s'asseoir avec le même air distingué.

Puis l'homme sort de la cabine B, très bien habillé. Il se dirige vers la table. Il s'incline légèrement, avec grâce mais assez froidement devant la femme. La femme esquisse un sourire de pure politesse. L'homme s'assied et boit à une vitesse record le contenu de l'autre verre.

L'air froid, sans s'adresser un regard, l'homme d'un certain âge et la femme d'un certain âge restent assis, chacun à sa place.

d'après Arrabal, *Concert pour un œuf*

B. Reprenez oralement le scénario au passé composé   `imparfait 88...`

La femme d'un certain âge s'est levée…

Remarque : si vous voulez évoquer aussi la situation, le décor et les patronages au passé, vous devez utiliser l'imparfait.

Passé composé : entraînement

ACTIF	PASSIF
Les étudiants ont choisi un porte-parole	Qui a été choisi comme porte-parole par les étudiants ?

CONJUGAISON PASSÉ COMPOSÉ PASSIF	
J'ai été choisi(e)	Nous avons été choisi(e)s
Tu as été choisi(e)	Vous avez été choisi(e)(s)
Il a été choisi	Ils ont été choisis
Elle a été choisie	Elles ont été choisies

A. Formulez au passif comme dans les exemples.

- L'Académie française (*créer*) par Richelieu en 1635.   *a été créée*
- La Louisiane française (*vendre*) aux États-Unis par   *a été vendue*
  Napoléon en 1803.
- Les hiéroglyphes (*déchiffrer*) par Champollion en 1822.   . . . .
- La Savoie et le Comté de Nice (*rattacher*) à la France   . . . .
  en 1860.
- Le téléphone (*inventer*) par le savant Graham Bell en 1876.   . . . .
- L'usage de la poubelle (*imposer*) par le préfet de Paris
  Eugène Poubelle en 1884.
- Le français et l'anglais (*choisir*) comme langues de travail
  par l'ONU en 1945.
- La scolarité obligatoire (*prolonger*) jusqu'à 16 ans en 1959.   . . . .
- Le pont de Normandie, le plus long pont du monde, ...
  (*inaugurer*) en janvier 1995.

B. Transformez les phrases comme dans les exemples.

- **XVIe siècle** – Introduction du tabac en France par Nicot : *Le tabac a été introduit par Nicot au XVIe siècle.*
- **1945** – Fondation des Nations unies : *Les Nations unies ont été fondées en 1945.*
- **1792** – Exécution du roi Louis XVI.
- **1967** – Création de l'État d'Israël.
- **1967** – Réalisation de la première greffe du cœur.
- **1981** – Abolition de la peine de mort en France.
- **1900** – Ouverture de la première ligne du métro, à Paris.
- **21 décembre 1903** – Attribution du premier prix Goncourt.
- **1889** – Construction de la Tour Eiffel, pour la Foire universelle.

Imparfait

Le lundi on travaillait

Le mardi on jouait

Le mercredi on s'aimait

Le jeudi on parlait

Le vendredi on chantait

Le samedi on dormait

Et le dimanche

On se réveillait

C'était le bon temps

C'était il y a très longtemps

MLC.

Imparfait/présent/passé composé : discrimination

Soulignez la phrase que vous avez entendue.

2 PASSÉ

1. Présent ou imparfait ?

<u>Je pense à toi.</u>   Je pensais à toi

1. Tu joues avec elle.   Tu jouais avec elle.

2. Il habite seul.   Il habitait seul.

3. Ils finissent de manger.   Ils finissaient de manger.

4. Vous passez me voir ?   Vous passiez me voir ?

5. Nous pouvons partir.   Nous pouvions partir.

6. Elle adore le ski.   Elle adorait le ski.

7. Je déjeune sur place.   Je déjeunais sur place.

8. On danse, à cette fête ?   On dansait, à cette fête ?

2. Passé composé ou imparfait ?

Je suis passé te voir.   <u>Je passais te voir.</u>

1. Il a travaillé tard.   Il travaillait tard.

2. J'ai été malade.   J'étais malade.

3. Tu t'es levé(e) tôt ?   Tu te levais tôt ?

4. Je l'ai vraiment aimé.   Je l'aimais vraiment.

5. Elle est montée te voir.   Elle montait te voir.

6. Tu es resté(e) longtemps ?   Tu restais longtemps ?

7. J'ai mangé vite.   Je mangeais vite.

8. J'ai été étonné(e) de te voir.   J'étais étonné(e) de te voir.

Imparfait : tableau

TERMINAISONS DE L'IMPARFAIT

(décrire)

FAIRE		
Je	fais	**ais**
Tu	fais	**ais**
Il/elle/on	fais	**ait**
Ils/elles	fais	**aient**
Nous	fais	**ions**
Vous	fais	**iez**

[ε]

PASSÉ **2**

BASES DE L'IMPARFAIT

Une seule base : la base du « nous » du présent de l'indicatif

ÉCOUTER	nous **écout**ons	→	j'**écout**ais
OFFRIR	nous **offr**ons	→	j'**offr**ais
APPELER	nous **appel**ons	→	j'**appel**ais
ESPÉRER	nous **espér**ons	→	j'**espér**ais
FINIR	nous **finiss**ons	→	je **finiss**ais
ENTENDRE	nous **entend**ons	→	j'**entend**ais
CRAINDRE	nous **craign**ons	→	je **craign**ais
CROIRE	nous **croy**ons	→	je **croy**ais
DISTRAIRE (SE)	nous nous **distray**ons	→	je me **distray**ais
VENIR	nous **ven**ons	→	je **ven**ais
RECEVOIR	nous **recev**ons	→	je **recev**ais
PRENDRE	nous **pren**ons	→	je **pren**ais
ALLER	nous **all**ons	→	j'**all**ais
AVOIR	nous **av**ons	→	j'**av**ais
FAIRE	nous **fais**ons	→	je **fais**ais
POUVOIR	nous **pouv**ons	→	je **pouv**ais
BOIRE	nous **buv**ons	→	je **buv**ais
FALLOIR	→		il **fall**ait
PLEUVOIR	→		il **pleuv**ait

UNE EXCEPTION !		
ÊTRE	vous **êtes**	→ j'**étais**

A. Lisez les questions puis répondez.

Quand vous étiez enfant

1. Vous aimiez lire ou non ?
2. Vous étiez sensible ou non ?
3. Vous étiez calme ou nerveux ?
4. Vous étiez affectueux ou non ?
5. Vous aviez bon appétit ou non ?
6. Vous aviez peur du noir ou non ?
7. Vous suciez votre pouce ou non ?
8. Vous faisiez des caprices ou non ?
9. Vous pleuriez facilement ou non ?
10. Vous buviez du lait tous les jours ?
11. Vous aimiez les animaux ou non ?
12. Vous grimpiez aux arbres ou non ?
13. Vous faisiez des cauchemars ou non ?
14. Vous aviez beaucoup d'amis ou non ?
15. Vous travailliez bien ou mal à l'école ?
16. Vous aviez un caractère facile ou difficile ?
17. Vous alliez à pied à l'école ou vous preniez un autobus scolaire ?

Quand j'étais enfant

. . . .
. . . .
. . . .
. . . .
. . . .
. . . .
. . . .
. . . .
. . . .
. . . .
. . . .

> **Remarque** : L'imparfait permet d'exprimer un **état habituel** ou une **habitude** dans le passé.

Quand ? :

Avant la terre était grise
Complètement grise
Elle n'était pas très belle
On n'aimait pas y vivre
Les gens n'y restaient pas

Mais (un jour) un poète
Y a lancé du bleu
Un soldat
Y a versé du rouge
Un noctambule
Y a jeté du noir
Un enfant
Y a versé du jaune
Un jardinier
A rajouté du vert

C'est alors que la terre
S'est mise à tourner

MLC.

Imparfait/passé composé : créativité

A. Commentez les dessins comme dans l'exemple.

AVANT	Événement(s)	MAINTENANT
Situation passée	survenu(s) entre-temps	Situation actuelle
Imparfait	**Passé composé**	**Présent**
Il était plutôt rond.	Il a été malade.	Il est plutôt maigre.
Il pesait 85 kilos.	Il a maigri.	Il pèse 65 kilos.
Il avait des moustaches.	Il s'est rasé les moustaches.	Il n'a plus de moustaches.

. . . .

. . . .

. . . .

. . . .

. . . .

. . . .

. . . .

. . . .

. . . .

. . . .

. . . .

. . . .

B. Dictée.

A. Distinguez d'abord les situations ⬛S des événements ⬛E puis racontez au passé.

Il est minuit.	S	*Il était minuit.*
Pierre travaille.	S	*Pierre travaillait.*
Le téléphone sonne.	E	*Le téléphone a sonné.*
Il va répondre.	E	*Il est allé répondre.*
C'est une erreur.	S	*C'était une erreur.*

1. Il est 6 heures, ☐ . . . .
le réveil sonne. ☐ . . . .
Marc dort. ☐ . . . .
Il ne l'entend pas. ☐ . . . .

2. Madame Dubois est pressée. ☐ . . . .
Elle marche vite. ☐ . . . .
Elle glisse, elle tombe, ☐ . . . .
elle se casse la jambe. ☐ . . . .

3. En 1990, M. Smith arrive en France. ☐ . . . .
Il ne connaît personne. ☐ . . . .
Un mois plus tard, ☐ . . . .
Il rencontre ses premiers amis. ☐ . . . .

4. Julie se lève. ☐ . . . .
Il y a de la glace sur les vitres. ☐ . . . .
Elle sort regarder le thermomètre. ☐ . . . .
Il fait – 13°. ☐ . . . .

5. Il y a deux personnes dans l'ascenseur. ☐ . . . .
L'ascenseur tombe en panne. ☐ . . . .
La sonnerie ne marche pas. ☐ . . . .
Elles passent la nuit dedans. ☐ . . . .

6. Je marche derrière quelqu'un. ☐ . . . .
Je l'appelle. ☐ . . . .
Il se retourne. ☐ . . . .
Je ne le connais pas. ☐ . . . .

B. Écoutez et écrivez le poème.

A. Racontez ces rêves au passé.

RÉCITS DE RÊVE

1. Je marche sur une route poussiéreuse. J'avance en sautant. J'avance, j'avance… Puis je vois arriver en face de moi une grosse boule qui roule. Je saute un peu plus haut pour l'éviter, puis de plus en plus haut et je m'envole.

2.
Je suis au sommet d'un haut plateau rocheux et je marche. J'arrive au bord d'une grande falaise. Je m'allonge au bord de la falaise et je découvre en bas dans une lumière éclatante une ville inconnue et magique comme dans les livres d'enfant.

3. Ça se passe dans une grande salle grise et froide. Ii pleut et je suis assise dans un coin. Des gens vont et viennent, entrent et sortent sans cesse. Un homme qui tient un lion en laisse s'approche de moi, m'offre un grand parapluie rouge et repart.

4. Je suis dans la cuisine de mes grands-parents. On est en train de manger. Progressivement on devient de plus en plus petits et on part. On arrive sur une autre planète qui est comme une maison ronde et on recommence à manger.

5. C'est dans un temple. Une femme porte des voiles. Elle me fait entrer, s'allonge sur une table de marbre, ferme les yeux comme morte, je l'embrasse, elle se réveille tout doucement. Derrière il y a une source noire et une porte. Je cherche à l'ouvrir. Une voix dit « Attention ! ». Je trouve la clé et la voix disparaît. Alors je vois une sirène.

B. Faites à votre tour le récit d'un rêve ou continuez un de ces rêves.

A. Écoutez et classez les explications selon qu'elles comportent l'imparfait ou le passé composé.

2 PASSÉ

Pourquoi as-tu quitté ton appartement ?

Imparfait	**Passé composé**
•	• ....
•	• ....
•	• ....
•	• ....

B. Proposez des explications aux questions suivantes.

1. Pourquoi tu n'es pas venu à ma fête ?

• ....   • ....
• ....   • ....
• ....   • ....

2. Pourquoi se sont-ils séparés ?

• ....   • ....
• ....   • ....
• ....   • ....

3. Pourquoi n'avez-vous pas fait votre devoir ?

• ....   • ....
• ....   • ....
• ....   • ....

4. Pourquoi le ministre a-t-il démissionné ?

• ....   • ....
• ....   • ....
• ....   • ....

5. Pourquoi êtes-vous en retard ?

• ....   • ....
• ....   • ....
• ....   • ....

Composez des phrases à partir
des éléments proposés dans le tableau.

	Le moment	La situation	L'événement
1.	L'année dernière avoir le temps	être au chômage	écrire un livre
2.	Hier soir	être fatigué(e)	se coucher tôt
3.	Dimanche	avoir du travail	ne pas sortir
4.	Samedi	faire un temps magnifique	faire une longue promenade
5.	Avant-hier	rien d'intéressant à la télé	lire
6.	Hier	rien à lire	regarder la télé
7.	Ce matin	dormir profondément	ne pas entendre le réveil
8.	Hier soir	voiture en panne	rentrer à pied à la maison
9.	Il y a dix ans	s'aimer	se marier
10.	Il y a cinq ans	ne plus s'aimer	se séparer

1. *L'année dernière, comme elle **était** au chômage et qu'elle **avait** le temps, elle **a écrit** un livre.*

2. Hier soir, comme . . . .
. . . .

3. Dimanche, comme . . . .
. . . .

4. Samedi, il . . . .
. . . .

5. Comme avant-hier . . . .
. . . .

6. Hier, comme je . . . .
. . . .

7. Ce matin, ...
. . . .

8. Hier soir, comme leur voiture . . . .
. . . .

9. Il y a dix ans, comme . . . .
. . . .

10. Il y a cinq ans, comme . . . .
. . . .

Observez les différences de formes verbales et représentez-vous les différences de sens qui s'ensuivent.

Quand elle a plongé, **elle a eu peur.**
au moment de plonger, pas avant ; début de la peur au moment du plongeon.
Quand elle a **plongé, elle avait peur.**
la peur était déjà là, elle avait déjà peur avant de plonger

	PASSÉ COMPOSÉ	IMPARFAIT
	À ce moment-là À partir de ce moment-là Au moment de…	Déjà Avant Auparavant
Quand elle a plongé	elle a eu peur	elle avait peur
Quand je me suis approché	tout le monde s'est tu	tout le monde se taisait
Quand il est entré dans la salle	ses amis ont applaudi	ses amis applaudissaient
Quand l'acteur est entré sur scène	il a eu le trac	il avait le trac
Quand les Dulac sont arrivés	nous nous sommes ennuyés	nous nous ennuyions
À la fin du film	j'ai pleuré	je pleurais
À la fin du repas	tout le monde a chanté	tout le monde chantait
Quand le père a éteint la télévision	les enfants ont crié	les enfants criaient
Quand le ministre a démissionné	il a eu des problèmes	il avait des problèmes
Quand j'ai ouvert la fenêtre	un voisin m'a appelé	un voisin m'appelait
Quand je suis arrivé	elle a fait du café	elle faisait du café
Quand son maître l'a appelé	le chien a aboyé	le chien aboyait

Reformulations possibles :

– « commencer (à) », « se mettre à » pour le passé composé.

– « être en train de » pour l'imparfait.

Soulignez la phrase qui vous semble logique, vraisemblable.
Barrez la phrase impossible.

Quand ma mère a retiré le gâteau du four, { il était en train de brûler.
                                            il a brûlé.

À la mairie, le jour de son mariage, { il a dit non.
                                       il disait non.

1. Quand nous sommes rentrés à minuit, { mes parents nous attendaient.
                                             mes parents nous ont attendus.

2. Quand Pierre est descendu du train, { Marie l'appelait.
                                             Marie l'a appelé.

3. Quand j'ai croisé le concierge dans l'escalier, { il descendait la poubelle.
                                                         il a descendu la poubelle.

4. Quand elle a eu son premier enfant, { elle a eu 18 ans.
                                             elle avait 18 ans.

5. Quand Sophie a poussé la porte d'entrée, { on lui souhaitait son anniversaire.
                                                  on lui a souhaité son anniversaire.

6. Quand j'ai ouvert la fenêtre, { le froid est entré.
                                      le froid entrait.

7. Quand il s'est levé, { il a fait nuit.
                             il faisait nuit.

8. Le jour de leur mariage, { ils ont eu deux enfants.
                                  ils avaient deux enfants.

9. Quand elle est allée à Fribourg, { elle passait par Genève.
                                          elle est passée par Genève.

10. Après son intervention, { j'ai pris une décision.
                                  je prenais une décision.

11. Quand je suis sorti, { je n'ai rencontré personne.
                              je ne rencontrais personne.

12. Quand le facteur lui a donné sa lettre, { elle ne l'a pas lue tout de suite.
                                                  elle ne la lisait pas tout de suite.

Complétez les phrases avec le verbe donné entre parenthèses au passé composé ou à l'imparfait selon la situation.

1. Quand le réveil a sonné,
je (*se lever*) immédiatement.   *je me suis levé immédiatement.*
je (*dormir*) profondément.   *je dormais profondément.*

2. Quand je suis rentré chez moi,
le voleur (*s'enfuir*) tout de suite   . . . .
le voleur (*être en train*) de fouiller   . . . .

3. Quand le médecin est arrivé,
le malade (*dormir*) calmement   . . . .
le malade (*expliquer*) son cas   . . . .

4. Quand je l'ai entendu chanter pour la première fois,
ce chanteur (*avoir* 20 *ans*)   . . . .
ce chanteur me (*plaire*)   . . . .

5. Quand l'ambulance est arrivée,
la foule (*s'écarter*)   . . . .
la foule (*entourer*) le blessé   . . . .

6. Quand le conférencier a commencé à parler,
le public (*se taire*)   . . . .
le public (*ne pas être*) attentif   . . . .

7. Quand je t'ai rencontré pour la première fois,
tu (*ne pas me remarquer*)   . . . .
tu (*ne pas être*) seul   . . . .

8. Quand j'ai arrêté mes études,
mes parents (*ne pas être d'accord*)   . . . .
je (*partir*) à l'étranger   . . . .

9. Quand les joueurs sont entrés sur le terrain,
tous les spectateurs (se *lever*)   . . . .
le stade (*être*) plein   . . . .

10. Quand j'ai arrêté de fumer,
je (*grossir*) de 10 kilos   . . . .
J'(*avoir*) 35 ans   . . . .

Racontez ces contes traditionnels au passé.

PASSÉ **2**

BOUCLE D'OR ET LES TROIS OURS

Un jour une petite fille se promène dans une forêt. Elle voit une petite maison. Elle entre dans la maison. Elle remarque une table où il y a trois assiettes de soupe. Elle a faim, elle mange le contenu des trois assiettes. Comme elle a sommeil, elle veut se reposer. Dans la chambre il y a trois lits ; le premier est trop dur, le second trop mou, mais le troisième, elle le trouve très confortable. Elle s'y couche et s'endort immédiatement.

Un peu plus tard les trois ours qui habitent cette maison rentrent chez eux. Ils remarquent que leurs assiettes sont vides. Puis ils entrent dans la chambre et aperçoivent la petite fille qui dort. Le plus petit des ours crie. À ce bruit la petite fille se réveille, elle a peur et elle s'enfuit de la maison en courant.

LE PETIT CHAPERON ROUGE

Une petite fille, tout habillée de rouge, se promène dans la forêt.

Elle doit apporter à sa grand-mère malade un petit pot de beurre et une galette. En chemin, elle rencontre un loup qui a faim. Ils décident d'aller chez la grand-mère chacun par un chemin différent. Le loup arrive chez la grand-mère avant le petit chaperon rouge et mange la grand-mère. À son tour, la petite fille arrive. Elle frappe à la porte, elle entre. Elle a peur car elle comprend que c'est le loup qui est dans le lit de sa grand-mère. Elle sort chercher de l'aide. Elle trouve un chasseur qui tue le loup et sort la grand-mère vivante du ventre du loup.

ALADIN OU LA LAMPE MERVEILLEUSE

Un petit garçon vit dans une famille très pauvre. Un jour, un homme étrange lui demande de descendre dans un souterrain chercher une vieille lampe. Il ne veut pas y aller parce qu'il a peur.

Alors l'homme le précipite dans le souterrain. Le garçon effrayé, en cherchant la sortie, trouve la vieille lampe et par mégarde la frotte. Ce qu'il ne sait pas, c'est que cette lampe est magique. Aussitôt un génie apparaît qui lui demande ce qu'il veut. Il sort du souterrain grâce au génie devient très riche et se marie avec la fille du roi.

A. Classez les raisons proposées selon leur forme verbale.

Un accident a eu lieu. Pourquoi ?

Le chauffeur a ouvert sa portière brusquement • Le chauffeur du camion roulait trop rapidement • La route était glissante • Le chauffeur avait bu • Il y avait beaucoup de circulation • Un pneu a éclaté • Le camion a doublé sans prévenir • Le chauffeur était fatigué • Le chauffeur n'avait pas allumé ses feux • Des manifestants bloquaient la route • Le chauffeur s'est endormi • Le chauffeur roulait en sens interdit • Les freins du camion ont lâché • Le chauffeur n'avait pas vérifié ses freins • Le chauffeur a brûlé un feu rouge • Le chauffeur avait oublié de mettre sa ceinture • Le chauffeur a eu un malaise • Le chauffeur n'avait pas signalé qu'il tournait à gauche.

Imparfait

. . . .
. . . .
. . . .
. . . .
. . . .
. . . .

Passé composé

. . . .
. . . .
. . . .
. . . .
. . . .

Plus-que-parfait

. . . .
. . . .
. . . .
. . . .
. . . .
. . . .

B. De la même manière, cherchez des raisons aux événements suivants et classez-les selon la forme verbale utilisée :

• Échouer ou réussir à un examen   • Passer un bon ou un mauvais week-end
• Perdre ou gagner un match   • Quitter sa famille

Plus-que-parfait : tableau

FORMATION

Auxiliaire être ou avoir à l'imparfait + participe passé

J'avais parlé	J'étais revenu(e)	Je m'étais aperçu(e)
Tu avais parlé	Tu étais revenu(e)	Tu t'étais aperçu(e)
Il avait parlé	Il était revenu	Il s'était aperçu
Nous avions parlé	Nous étions revenu(e)s	Nous nous étions aperçu(e)s
Vous aviez parlé	Vous étiez revenu(e)s	Vous vous étiez aperçu(e)(s)
Ils avaient parlé	Ils étaient revenus	Ils s'étaient aperçus

EMPLOI

Toujours situé dans le passé, le plus-que-parfait marque l'antériorité :

• d'une action ou d'un événement ponctuel
(plus-que-parfait/ passé composé).

« Je l'ai frappé parce qu'il m'avait frappé. » ou « Il m'avait frappé, alors je l'ai frappé. »

« Il avait invité quinze amis pour son anniversaire, ils sont venus à trente. »

« J'avais terminé mes études depuis un an quand j'ai commencé à travailler. »

• d'actions ou d'événements habituels
(plus-que-parfait / imparfait).

« Pendant les vacances, chez ma grand-mère, quand on avait fini de déjeuner, on allait prendre le café sur la terrasse et mon grand-père allait faire une sieste. »

« Dans certains pays autrefois, quand quelqu'un avait volé, on lui coupait la main. »

A. Observez la photo, lisez les questions et répondez-y librement. Comparez vos réponses.

- En quelle année cela se passait-il ?
- Quel âge avaient-ils ?
- En quelle saison était-ce ?
- Où allaient-ils ? D'où venaient-ils ?
- Que faisaient-ils dans la vie ? Étaient-ils étudiants ? Travaillaient-ils ?
- Est-ce qu'ils se connaissaient depuis longtemps quand la photo a été prise ?
- Étaient-ils amis d'enfance ? Venaient-ils de se rencontrer ? Est-ce qu'ils s'étaient connus la veille, quelques semaines avant ? Où s'étaient-ils connus ?
- Est-ce que leurs parents, leurs amis connaissaient leur relation ? Était-ce une relation cachée ?
- Est-ce qu'ils avaient des projets d'avenir ?
- Qu'est-ce qu'ils avaient fait ce jour-là, l'un et l'autre, avant de partir ensemble sur ce scooter ?
- Que sont-ils devenus ? Que s'est-il passé dans leur vie depuis ?

B. Écrivez un récit à partir de ce que vous avez imaginé.

Futur

Vous me retrouverez

Au café du Palais

À l'heure indiquée

Vous me reconnaîtrez

À mon chapeau violet

À l'accent étranger

Que je simulerai

À un très gros cigare

Que je fumerai

À trois petites notes

Que je siffloterai

Au café du Palais

À l'heure indiquée

Mais soyez très discret

Il y a du danger.

MLC.

Futur proche : observation/tableau

Écoutez, puis complétez.

IMMINENCE

1. Sortez ! Sortez vite ! Ça *va exploser* !

2. Attention, tu . . . . !

3. Chut, on . . . . nous . . . . !

4. Mais arrête, tu . . . . lui . . . . !

5. Taisez-vous, vous . . . . . . me . . . . !

6. Allez ! Dépêche-toi, tu . . . . en retard !

7. Éteins le four, ça . . . . !

8. Prends le volant, je . . . . !

9. Dépêchons-nous, ça . . . . !

10. Allez ! file ! Tu . . . . ton rendez-vous !

11. Allons-y, ça . . . . l'heure !

12. Doucement, ralentis, tu . . . . . . nous . . . . !

13. Allume la télé, ça . . . . !

14. Plus vite, plus vite, tu . . . . ton record !

Formation

Je vais + infinitif	Nous allons + infinitif	
Tu vas + infinitif	Vous allez + infinitif	
Il va + infinitif	Ils vont + infinitif	

Emploi

Le futur proche est choisi si l'on veut :

• marquer la proximité temporelle effective de l'action :

Attention, ça va exploser.

• ou la proximité psychologique de l'action dans l'esprit du locuteur :

L'année prochaine je vais faire le tour du monde.

Remarque : on peut exprimer une plus grande proximité de l'action par l'expression

« être sur le point de » :

Les négociations sont sur le point d'aboutir.

A. Lisez les phrases suivantes. Soulignez les phrases qui s'appliquent à vous.

L'ANNÉE PROCHAINE

1. Je vais quitter mon pays/Je vais retourner dans mon pays/Je vais rester dans mon pays.

2. Je vais cesser mes études/Je vais continuer mes études/Je vais interrompre mes études/Je vais commencer mes études/Je vais passer des examens.

3. Je vais chercher un travail/Je vais changer de travail/Je vais prendre ma retraite/Je vais continuer à travailler.

4. Je vais rester dans mon logement actuel/Je vais déménager.

5. Je vais continuer à apprendre le français /Je vais apprendre une autre langue/ Je vais abandonner le français.

6. Je vais me marier/Je vais rester célibataire.

7. Je vais changer d'école ou d'université/Je vais rester dans la même école ou université.

8. Je vais faire un petit voyage/un grand voyage/Je vais faire le tour du monde. Je ne sais pas ce que je vais faire/Je sais ce que je vais faire.

9. Tout va changer dans ma vie/Rien ne va changer/Je ne sais pas ce qui va changer.

B. Échangez.

1. Est-ce que vous savez ce que vous allez faire l'année prochaine ?

. . . .

2. Est-ce que vous savez ce que vous allez faire dimanche prochain ?

. . . .

3. Est-ce que vous savez ce que vous allez faire pendant les prochaines vacances ?

. . . .

4. Est-ce que vous savez ce que vous allez faire demain soir ?

. . . .

5. Est-ce que vous savez si vous allez passer une bonne semaine ?

. . . .

6. Est-ce que vous savez s'il va faire beau le week-end prochain ?

. . . .

7. Est-ce que vous savez si vous allez bien dormir cette nuit ?

. . . .

FUTUR **3**

Futur proche : échanges

Prenez connaissance de ces questions ;
rajoutez en quelques-unes puis échangez.

Connaissez-vous personnellement quelqu'un qui pendant les jours, semaines ou mois qui viennent :

- va faire le tour du monde ?
- va sortir de prison ?
- va devenir célèbre ?
- va prendre sa retraite ?
- va prendre une décision importante ?
- va avoir un enfant ?
- va tourner un film ?
- va se marier ?
- va vous manquer ?
- va quitter son pays ?
- va acheter un animal ?
- va écrire un livre ?
- va se laisser pousser la moustache, la barbe ?
- va vous emprunter de l'argent ?
- va se faire refaire le nez ?
- va vous refuser quelque chose ?
- va commettre une bêtise ?
- va monter une entreprise ?
- va chercher du travail ?
- va changer de voiture ?

Pour répondre relatifs 190

Je connais quelqu'un qui...
Je connais une personne qui...
Je ne connais personne qui...
J'ai un ami/un voisin/un frère qui.

A. Passez d'une langue soutenue
à une langue plus familière.

interrogation 205

Que vais-je leur dire ?   *Qu'est-ce que je vais leur dire ?*
Par où vais-je commencer ?   *Par où (est-ce que) je vais commencer ?*

1. Comment vais-je leur expliquer ? . . . .
2. Vais-je réussir à les convaincre ? . . . .
3. Vont-ils me croire ? . . . .
4. Comment vont-ils réagir ? . . . .

FUTUR **3**

B. Passez d'une langue familière à une langue plus soutenue.

Qu'est-ce qui va se passer ?   *Que va-t-il se passer ?*
(Est-ce que) la situation va s'améliorer ?   *La situation va-t-elle s'améliorer ?*
Qu'est-ce que nous allons faire ?   *Qu'allons-nous faire ?*

1. Qu'est-ce que nous allons devenir ? . . . .

2. Comment (est-ce que) nous allons vivre ? . . . .

3. Combien de temps (est-ce que) cela va durer ? . . . .

4. À qui (est-ce que) nous allons nous adresser ? . . . .

5. Jusqu'à quand (est-ce qu') on va rester ici ? . . . .

6. Est-ce que les choses vont changer ? . . . .

7. Est-ce que nous allons trouver une solution ? . . . .

8. Est-ce qu'on va arriver à se mettre d'accord ? . . . .

9. Qu'est-ce qu'on va faire ? . . . .

10. Qu'est-ce qu'on va décider ? . . . .

Reformulations

Je ne sais pas   { ce que…
Je me demande   { si…
                 { Comment / par où / à qui…

A. Écoutez et barrez les « e » non prononcés dans le verbe au futur.

le/la/l' 162 ; en 168

Si un jour, vous gagnez une très grosse somme d'argent, qu'en ferez-vous ?

- je la placerai dans une banque suisse.
- j'offrirai des cadeaux à tous mes amis.
- je m'arrêterai de travailler. je la brûlerai ou je la jetterai.
- je la distribuerai.
- je la cacherai sous mon matelas. je la jouerai au casino.
- j'en donnerai… un peu seulement.
- je prendrai de très longues vacances.
- je me construirai une maison luxueuse.
- j'essaierai de vivre de mes rentes.
- je tapisserai ma chambre avec les billets.
- j'emmènerai toute ma famille faire un grand voyage.
- je m'achèterai une île déserte.
- je ne sais pas à quoi je l'emploierai.
- j'achèterai des animaux de zoo et je les libérerai.
- je commencerai une collection de pierres précieuses.
- je demanderai conseil à un banquier.
- je serai bien embêté.

B. Échangez.

Et toi, que feras-tu ? Tu la placeras… ? Tu l'offriras… ?
Et vous, que ferez-vous ? Vous la placerez… ? Vous l'offrirez… ?

Remarque :

• Généralement le « e » avant la terminaison du futur ne se prononce pas :

je placerai [plasʀe], je m'arrêterai [aʀɛtʀe], je jetterai [ʒetʀe].

Mais dans le Sud de la France, on le prononce :

je placerai [plasʀə] ; je m'arrêterai [aʀətɛʀe]

Futur proche : observation/formation irrégulière

Écoutez, soulignez les formes verbales au futur,
puis écrivez l'infinitif des verbes.

SAMEDI AU BUREAU !

- ALLER — *J'irai au bureau samedi.*
- ÊTRE — *Tout le monde sera en week-end, je serai tranquille.*
- AVOIR — *Il n'y aura personne, j'aurai tout mon temps.*
- FAIRE — *Je ferai tout le travail en retard.*

SECRET BIEN GARDÉ

- . . . . — Soyez tranquille. Personne ne le saura.
- . . . . — Je tiendrai ma langue.
- . . . . — Je ne dirai rien…
- . . . . — vous verrez !

CŒUR INSENSIBLE

- . . . . — Rien ne vous émeut !
- . . . . — Est-ce que vous vous émouvrez
- . . . . — le jour où je mourrai ?

HÔTE DE QUALITÉ

- . . . . — Dès que vous obtiendrez votre visa,
- . . . . — vous nous préviendrez.
- . . . . — Nous vous retiendrons une chambre d'hôtel
- . . . . — et nous tiendrons une voiture à votre disposition.
- . . . . — Notre président vous recevra
- . . . . — le jour qui vous conviendra.

LIBERTÉ

- . . . . — Tu viendras quand tu voudras.
- . . . . — Tu viendras quand tu pourras.
- . . . . — J'espère qu'il ne pleuvra pas.

PATIENCE

- . . . . — Ne nous précipitons pas, cela vaudra mieux.
- . . . . — Je vous enverrai tout demain
- . . . . — sinon, il faudra tout recommencer,
- . . . . — on devra tout refaire.

Futur simple : tableau

Terminaisons du futur

J'	habiter ai	[abitʀe]	Nous	habiter ons	[abitʀõ]
Tu	habiter as	[abitʀa]	Vous	habiter ez	[abitʀe]
Il	habiter a	[abitʀa]	Ils	habiter ont	[abitʀõ]

FORMATION RÉGULIÈRE			FORMATION IRRÉGULIÈRE	
-ER	*Tous les verbes* ────────►		*sauf :*	
	Marcher	Je marcherai	Aller	J'irai
	Donner	Je donnerai		
	Parler	Je parlerai		
	Jouer	Je jouerai		
-E -ER	Acheter	J'achèterai		
	Appeler	J'appellerai		
	Jeter	Je jetterai		
-É -ER	Répéter	Je répéterai		
-AYER	Payer	Je paierai		
	Essayer	J'essaierai		
-OYER	Nettoyer	Je nettoierai	Envoyer	J'enverrai
-UYER	Appuyer	J'appuierai		
	S'ennuyer	Je m'ennuierai		
-IR	*Tous les verbes* ────────►		*sauf :*	
	Dormir	Je dormirai	Venir	Je viendrai
	Partir	Je partirai	Tenir	Je tiendrai
	Finir	Je finirai	Mourir	Je mourrai
			Courir	Je courrai
			Acquérir	J'acquerrai
			Cueillir	je cueillerai
-RE	*Tous les verbes* ────────►		*sauf :*	
	Mettre	Je mettrai	Faire	Je ferai
	Prendre	Je prendrai	Être	Je serai
	Boire	Je boirai		
	Écrire	J'écrirai		
	Plaire	Je plairai		
-OIR			*Tous les verbes*	
			Avoir	J'aurai
			Savoir	Je saurai
			Pouvoir	Je pourrai
			Voir	Je verrai
			Devoir	Je devrai
			Recevoir	Je recevrai
			Valoir	Je vaudrai
			Vouloir	Je voudrai
			Falloir	Il faudra
			Pleuvoir	Il pleuvra
			S'asseoir	Je m'assiérai
			S'émouvoir	Je m'émouvrai

Remarques : • Verbes en -OYER, -AYER, -UYER : y → i et « e » non prononcé :
Je nettoierai, je paierai, j'appuierai.
• Verbes en E.ER ou É.ER : base du présent au futur

Futur simple : créativité

A. Lisez.

LES DIX COMMANDEMENTS DU DIEU VÉLO

- Tu observeras la priorité.
- Tu ne rouleras jamais à deux de front.
- Tu tiendras constamment ta droite et plus encore dans les virages et lorsqu'on te dépassera.
- Tu préviendras tout changement de direction en étendant franchement le bras du côté où tu vas tourner.
- Tu surveilleras tes pneus.
- Tu vérifieras tes freins.
- Tu n'emprunteras pas les routes interdites.
- Tu rouleras, quand elles existent, sur les pistes cyclables.
- Tu te méfieras du brouillard (les autos ne voient pas les cyclistes), des chiens et poules sur les petites routes de campagne, des gravillons (dérapages), des guêpes (assez rapides pour te poursuivre), des enfants (qui traversent à l'improviste)…
- Tu porteras un casque.

Le Touring Club

B. Rédigez d'autres commandements sur d'autres sujets (tu ou vous).

LES COMMANDEMENTS…

- du bon ou du mauvais médecin
- de l'homme politique idéal
- des parents ou des enfants
- du Don Juan
- de l'élève ou du professeur modèle
- du couple idéal
- d'une vedette de la chanson
- de l'animal de compagnie
- d'un chercheur scientifique…

Futur simple : échanges

A. Complétez oralement puis écrivez.

PROMESSES, SERMENTS

1. Je ne (recommencer) plus jamais. Promis !

Je ne recommencerai plus.

2. Je t'assure que je ne (s'énerver) plus.

. . . .
. . . .

3. Je ne (dire) rien, je ne (parler) pas, je (garder) ma langue.

. . . .
. . . .

4. Je t'(aimer) toute ma vie, je te le jure.

. . . .
. . . .

5. Je vous (écrire) chaque semaine, promis !

. . . .
. . . .

6. Je vous assure, je vous (rembourser) le mois prochain.

. . . .
. . . .

7. C'est promis, nous (venir).

. . . .

8. Comptez sur nous, on vous (soutenir).

. . . .
. . . .

9. On ne (être) pas en retard, c'est sûr.

. . . .
. . . .

10. Vous pouvez être tranquille, tout se (passer) bien.

. . . .
. . . .

REFORMULATIONS

Je te promets de…	Je te promets que…
Je te jure de…	Je te jure que…
Je t'assure que…	Tu peux être sûr(e) que…

B. Faites par groupe des inventaires de promesses.

celui, celle 179
ceux, celles qui 199

- Celles que l'on vous a faites.
- Celles que vous avez faites.
- Celles d'enfants à leurs parents ou vice versa.
- Celles d'un homme politique avant son élection, etc.

Futur simple : entraînement

Complétez au futur avec l'élément proposé

1. Pour le moment, il ne veut pas se marier mais il . . . .

. . . . (*un jour peut-être*)

2. Je ne peux pas vous répondre maintenant mais je . . . .

. . . . (*demain certainement*)

3. Elle n'a pas encore 20 ans, elle . . . .

. . . . (*le mois prochain*)

4. Je ne peux pas y aller tout de suite, ...

. . . . (*cet après-midi*)

5. Il ne fait pas très beau, j'espère que . . . .

. . . . (*demain*)

6. Il ne vient pas cette semaine mais il . . . .

. . . . (*probablement la semaine prochaine*)

7. Je ne bois pas d'alcool et je . . . .

. . . . (*jamais*)

8. Je n'ai pas encore pris l'avion mais je . . . .

. . . . (*sûrement un jour*)

9. Tu n'as pas eu ton permis de conduire ? Tu . . . .

. . . . (*la prochaine fois*)

10. Vous n'avez pas fini ? Vous . . . .

. . . . (*plus tard*)

111

Futur simple : entraînement

Lu dans la presse un 8 juin après le voyage d'un chef d'État étranger en France.

L'avion du chef d'État a atterri à 11 heures à l'aéroport d'Orly. Il a été accueilli à sa descente d'avion par le premier ministre et son épouse. Il s'est rendu ensuite directement à l'Élysée où l'attendait le président français qui a donné en son honneur un déjeuner où étaient conviées de nombreuses personnalités. À 15 heures, les deux chefs d'État ont eu un entretien au cours duquel ils ont abordé le problème des relations internationales. En fin d'après-midi, le chef d'État étranger a reçu quelques journalistes et a répondu en français, à leurs questions. La première journée du voyage s'est terminée par l'audition d'un concert de musique contemporaine.

Quel article pouvait-on lire le 5 juin avant l'arrivée de ce chef d'État ?

L'avion du chef d'État atterrira à 11 heures à l'aéroport d'Orly.
Il . . . .
. . . .
. . . .
. . . .
. . . .
. . . .
. . . .
. . . .
. . . .
. . . .
. . . .
. . . .
. . . .
. . . .

Futur simple : entraînement

Développez les titres suivants en utilisant le futur.

1.

MATCH FRANCE-ÉCOSSE REPORTÉ ?

Le match France-Écosse sera-t-il reporté ?

2.

FROID ET PLUIE DEMAIN SUR TOUTES LA FRANCE

. . . .

3.

REPRISE DEMAIN DES NÉGOCIATIONS SALARIALES

. . . .

4.

LE PROCHAIN FILM DE PICCOLINI BIENTÔT SUR NOS ÉCRANS

. . . .

5.

LE PRÉSIDENT DES ETATS-UNIS EN FRANCE

. . . .

6.

SIGNATURE POSSIBLE D'UN ACCORD ÉCONOMIQUE FRANCO-CHINOIS

. . . .

7.

PAS DE DISCUSSION SYNDICAT-PATRONAT AVANT LES ÉLECTIONS

. . . .

8.

OUVERTURE DU FESTIVAL DE CANNES DANS UNE SEMAINE

. . . .

9.

AUGMENTATION DU PRIX DE L'ESSENCE LE MOIS PROCHAIN

. . . .

10.

LANCEMENT D'UNE FUSÉE POUR SATURNE

. . . .

11.

GRANDE MANIFESTATION ÉTUDIANTE À LA FIN DE LA SEMAINE

. . . .

FUTUR **3**

© Henri Cartier-Bresson, Paris, Paris 1954.

© Alécio de Andrade, Rio de Janeiro, 1964

- Qui seront-ils plus tard?
- Où vivront-ils? Comment?
  Quel type de vie mèneront-ils?
- Feront-ils des études?
  Travailleront-ils?
  Quelle sera leur profession?
- Se marieront-ils?
- Vivront-ils seuls?
- Auront-ils des amis? des
  ennemis?
- Quelles seront leurs activités? leurs goûts?
- Auront-ils des bonheurs? des malheurs? Quelles difficultés rencontreront-ils?
- Seront-ils heureux? célèbres? solitaires?…
- Vivront-ils vieux?

Imaginez l'avenir de chacun de ces enfants.
Écrivez ici celui de l'un d'entre eux.

. . . .

. . . .

. . . .

. . . .

. . . .

. . . .

Futur simple : évaluation

A. Formulez ces phrases oralement. Utilisez le futur simple.

1. Je ne sais pas si je (*pouvoir*) venir, mais j'(*essayer*).

2. Tu (*faire*) ce que tu (*vouloir*)! Tu (*aller*) où tu (*vouloir*)!.

3. Je n'(*aller*) pas *te* chercher à la gare, je n'(*avoir*) pas le temps.

4. Le directeur vous (*recevoir*) demain à 10 heures.

5. Dans quelques jours tout le monde le (*savoir*), tout le monde (*être*) au courant.

6. On vous (*prévenir*) dès qu'on le (*savoir*).

7. On se (*revoir*) certainement.

8. Elle ne (*vouloir*) pas, vous ne (*parvenir*) pas à la convaincre.

9. Je vous (*rappeler*) plus tard.

10. Ce tableau (*valoir*) très cher dans quelques années.

11. Tu te (*souvenir*)? Tu n'(*oublier*) pas? Tu m'(*emmener*) à la gare.

12. Insistez! Vous (*obtenir*) ce que vous (*vouloir*).

13. Il (*pleuvoir*), il ne (*pleuvoir*) pas? On (*voir*) bien!

14. Il (*falloir*) faire attention, nous (*devoir*) être prudents.

15. Je vous (*envoyer*) la facture, vous (*payer*) le mois prochain.

16. Vous ne vous (*ennuyer*) pas, je vous le promets. Ça (*être*) intéressant.

B. Écrivez ci-dessous les formes verbales

1. *pourrai, essaierai*. . . . .

2. . . . .

3. . . . .

4. . . . .

5. . . . .

6. . . . .

7. . . . .

8. . . . .

9. . . . .

10. . . . .

11. . . . .

12. . . . .

13. . . . .

14. . . . .

15. . . . .

16. . . . .

C. Écoutez et écrivez le poème.

Conditionnel

Je n'aimerais pas vivre en Amérique

Mais parfois si.

J'aime bien vivre en France

Mais parfois non.

J'aimerais bien vivre dans le grand nord

Mais pas trop longtemps.

Je n'aimerais pas vivre dans un hameau

Mais parfois si.

J'aime bien vivre à Paris

Mais parfois non.

J'aimerais vivre vieux

Mais parfois non.

Extrait de G. Pérec, *Penser Classer*

FORMATION

• **Base** : La base du conditionnel est la même que celle du **futur** (voir p. 108).

• **Terminaisons** : Les terminaisons sont celles de l'**imparfait**.

FUTUR		
J' aimer ai		[ɛ]
Tu aimer as		[a]
Il aimer a		
Ils aimer ont		[õ]
Nous aimer ons		
Vous aimer ez		[e]

CONDITIONNEL	
J' aimer ais	
Tu aimer ais	[ɛ]
Il aimer ait	
Ils aimer aient	
Nous aimer ions	
Vous aimer iez	

IMPARFAIT		
J' aim ais	même prononciation	[ɛ]
Tu aim ais		
Il aim ait		
Ils aim aient		
Nous aim ions		
Vous aim iez		

QUELQUES EMPLOIS

Le conditionnel est utilisé

• pour atténuer la force d'une demande ou d'un ordre (conditionnel « de politesse ») :

>   *Je voudrais un steak-frites.*
>   *Vous pourriez répéter s'il vous plaît ?*
>   *Tu n'aurais pas une cigarette ?*
>   *Tu me prêterais 100 F ?*
>   *Je voudrais vous parler.*

• pour exprimer un désir, un souhait :

>   *J'aimerais bien voyager.*
>   *Ça me plairait d'apprendre le russe.*

• pour conseiller, suggérer :

>   *Tu devrais travailler.*
>   *Nous devrions nous reposer.*
>   *Je devrais cesser de fumer.*
>   *Il faudrait annuler la réunion.*
>   *Il vaudrait mieux éviter les discussions inutiles.*

Changez de formulation.

Formulation brutale	**Formulation courtoise**

1. AVEC LE VERBE VOULOIR.

À UN SERVEUR
Je veux un café !   *Je voudrais un café.*

À UN AMI
On veut essayer ta voiture !   . . . .

À UN SUPÉRIEUR
Je veux vous parler.   . . . .

À UN AVOCAT
Nous voulons un rendez-vous.   . . . .

À UN EMPLOYÉ
Je veux un renseignement.   . . . .

2. AVEC LE VERBE POUVOIR.

DANS UN TRAIN
Fermez la fenêtre.   *Vous pourriez fermer la fenêtre ?*

DANS UN LIEU PUBLIC
Ne fume pas !   . . . .

DANS UN RESTAURANT
Vérifiez l'addition !   . . . .

DEVANT UNE CABINE TÉLÉPHONIQUE
Passe-moi ta carte téléphonique. . . . .

À L'HÔTEL
Ma clé !   . . . .

À TABLE
Le sel !   . . . .

Si vous attaquez une banque vous avez le choix entre ces formulations :

« Le fric ! »

« Passez-moi le fric de la caisse ! »

« Pouvez-vous me donner l'argent de la caisse ? »

« Pourriez-vous me donner l'argent de la caisse ? »

« Auriez-vous l'amabilité de me donner l'argent de la caisse ? »

Les déterminants

© Philippe Geluck, 1996.

1, 2, 3, 10, 100…

Écoutez et répétez.

0	1	2	3	4	5	6	7	8	9
zéro	un	deux	trois	quatre	cinq	six	sept	huit	neuf

10	11	12	13	14	15	16	17	18	19
dix	onze	douze	treize	quatorze	quinze	seize	dix-sept	dix-huit	dix-neuf

20	30	40	50	60	70	80	90
vingt	trente	quarante	cinquante	soixante	soixante-dix	quatre-vingts	quatre-vingt-dix

21	31	41	51	61	71	81	91
vingt et un	trente et un	quarante et un	cinquante et un	soixante et un	soixante et onze	quatre-vingt-un	quatre-vingt-onze

22	23	24…
vingt-deux	vingt-trois	vingt-quatre…

1 000	10 000
mille	dix mille

1 500
mille cinq cents
quinze cents

100 000	1 000 000
cent mille	un million

1 000 000 000
un milliard

100	200	300	401
cent	deux cents	trois cents	quatre cent un

1er	premier (première)
2e	deuxième
	second(e)
3e	troisième
4e	quatrième
9e	neuvième
21e	vingt et unième
100e	centième
1 000e	millième

120

DÉTERMINANTS 4

A. Écoutez.

Dans la pièce où vous êtes, est-ce qu'il y a…
des hommes des femmes ?

Est-ce qu'il y a…
une, deux, trois fenêtres ?

Est-ce qu'il y a…
. . . . ?

Est-ce qu'il y a…
. . . . ?

Est-ce qu'il y a…
. . . . ?

Est-ce qu'il y a…
. . . . ?

Est-ce qu'il y a…
. . . . ?

Est-ce qu'il y a…
. . . . ?

DÉTERMINANTS **4**

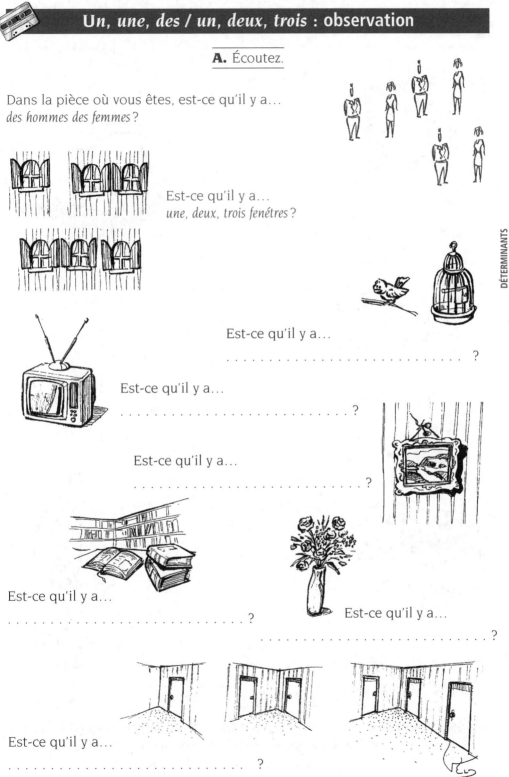

121

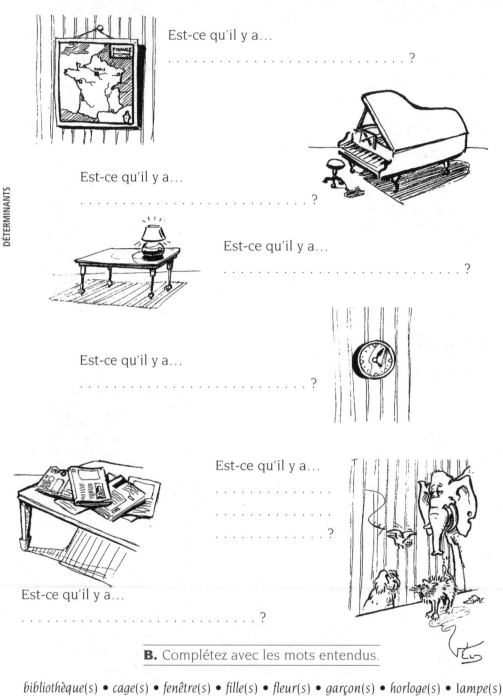

Est-ce qu'il y a…

. . . . ?

Est-ce qu'il y a…

. . . . ?

Est-ce qu'il y a…

. . . . ?

Est-ce qu'il y a…

. . . . ?

Est-ce qu'il y a…

. . . .

. . . .

. . . . ?

Est-ce qu'il y a…

. . . . ?

B. Complétez avec les mots entendus.

bibliothèque(s) • cage(s) • fenêtre(s) • fille(s) • fleur(s) • garçon(s) • horloge(s) • lampe(s)
• livre(s) • mur(s) • oiseau(x) • piano(s) • table(s) • tableau(x) • télévision(s) • vase(s)
• journal/journaux • animal /animaux

Un, une, des : discrimination

DÉTERMINANTS 4

A. Écoutez et notez devant chaque mot le déterminant.
Notez la liaison ou l'enchaînement par le signe ‿.

PERSONNES

un garçon • un père • un‿ami • un‿homme • un‿enfant • une mère
• une femme • une fille • une‿amie • des parents • des pères • des mères
• des garçons • des filles • des‿enfants • des‿amis • des‿amies

TEMPS/DURÉE

une seconde • . . . . minute • . . . . heure • . . . . jour • . . . . semaine •
. . . . mois • . . . . trimestre • . . . . après-midi • . . . . soir • . . . . nuit

TRANSPORTS

un‿avion • . . . . train • . . . . bus • . . . . voiture • . . . . taxi • . . . . aéroport
• . . . . gare • . . . . station de taxi • . . . . garage

LOGEMENT

. . . . maison • . . . . appartement • . . . . studio • . . . . pièce • . . . . chambre
• . . . . cuisine • . . . . salle de séjour • . . . . salle de bains • . . . . entrée

ÉCOLE /UNIVERSITÉ

. . . . cours • . . . . classe • . . . . élève • . . . . étudiante • . . . . étudiant
• . . . . professeur • . . . . livre • . . . . cahier • . . . . dictionnaire • . . . . stylo

MONDE

. . . . continent • . . . . pays • . . . . région • . . . . ville

Mots masculins au singulier commençant par		Mots féminins au singulier commençant par		Mots masculins ou féminins au pluriel commençant par	
une consonne	une voyelle	une consonne	une voyelle	une consonne	une voyelle
un	un‿	une	une‿	des	des‿
garçon	homme	femme	amie	parents	amis
père	enfant	fille		amies	amies
	ami	mère			

B. Continuez avec les autres mots.

le, la, les 126, 128

MARQUES DU PLURIEL SUR LE NOM

ORAL	ÉCRIT
EN GÉNÉRAL PAS DE DIFFÉRENCE SINGULIER/PLURIEL :	**PAS DE DIFFÉRENCE**
	noms terminés par « s » « x » « z »
un/des [repa]	un repas/des repas
une/des [vwa]	une voix/des voix
un/des [ne]	un nez/des nez
	EN GÉNÉRAL DIFFÉRENCE SINGULIER/PLURIEL
	+ « s »
	• **Majorité des noms :**
un/des [livʀ]	un livre/des livre**s**
un/des [pjano]	un piano/des piano**s**
un/des [tʀu]	un trou/des trou**s**
	+ « x »
	• **Tous les noms en « eau »**
un/des [tablo]	un tableau → des tableaux
un/des [ʃapo]	un chapeau → des chapeaux
	• **Majorité des noms en « eu »**
Un/des [fø]	un feu → des feux sauf pneu(s) bleu(s)
un/des [ljø]	un lieu → des lieux
	• **7 noms en « ou »**
un/des [biʒu], [kaju], [ʃu], [ʒɛnu], [ibu], [ʒuʒu], [pu]	bijou, caillou, chou, genou, hibou, joujou, pou
DIFFÉRENCE : [al], [aj] → [o]	**Changement de suffixe + x** ■ Les noms en « al » sauf bal carnaval chacal cérémonial festival récital
un [ʃəval], des [ʃəvo]	un cheval → des chevaux
un [ʒuʀnal], des [ʒuʀno]	un journal → des journaux
[ɛ̃animal] [dezanimo]	un animal → des animaux
	■ Quelques noms en « ail » : bail, corail, émail, travail, vitrail
un [vitʀaj], des [vitʀo]	un vitrail → des vitraux
un [tʀavaj], des [tʀavo]	un travail → des travaux

Le, la, l', les + noms de pays : discrimination/observation

A. Écoutez et notez l'article devant les noms de continents et de pays

. . . Europe • . . . Asie • . . . Afrique • . . . Amérique • . . . Océanie
• . . . . Canada • . . . Australie • . . . France • . . . Chine • . . . Algérie
• . . . Inde • . . . États-Unis • . . . Polynésie • . . . Vietnam • . . . Sénégal
• . . . Bolivie • . . . Tunisie • . . . Pays-Bas • . . . Italie • . . . îles Fidji
• . . . Portugal • . . . Gibraltar • . . . Madagascar • . . . Cuba • . . . Tahiti
• . . . Émirats arabes • . . . Philippines • . . . Équateur

B. Classez ces pays dans ce tableau

	LE	LA	L'	LES	–
Europe **Asie** **Afrique** **Amérique** **Océanie**	Portugal	France	Italie	Pays-Bas	Gibraltar

Le ? la ? l' ? les ? - ? Quelle est la règle ?

C. Faites une liste

localisation 232

• des pays francophones, hispanophones, européennes, africains… que vous
  connaissez ;
• des pays que vous avez visités ou voudriez visiter

Le, la, l', les : discrimination

A. Écoutez les dialogues et complétez.

1. « – La gare de l'Est ? C'est par là ?
– Oui, tout droit. »

2. « – . . . centre ville, s'il vous plaît ?
– C'est par là ! »

3. « – Allô ! . . . ambassade de France ?
– Ah ! non, ce n'est pas . . . ambassade de France, c'est . . . consulat,
monsieur.
– Ah ! c'est . . . consulat ! excusez-moi. »

4. « – . . . rue de . . . université, s'il vous plaît.
– I don't speak french »

5. « – Allô ? . . . hôtel de police ? Allô ! Vite !
– Non, ici . . . hôtel Ritz Allô ! Allô ! »

6. « – Où sont . . . toilettes, s'il vous plaît ?
– Là !
– Merci ! »

7. « – Je cherche . . . mairie.
– Excusez-moi, je ne sais pas »

8. « – Voilà . . . musée d'Orsay !
– Merci, au revoir. » (*le taxi part*)

9. « – Vous connaissez . . . restaurant « Tavola Calda » ?
– Oui, c'est dans . . . quartier italien »

10. « – . . . bureau des informations, s'il vous plaît !
– Troisième porte à droite ! »

B. Classez les noms de lieux dans le tableau.

Mots masculins au singulier commençant par		Mots féminins au singulier commençant par		Mots masculins ou féminins au pluriel commençant par	
une consonne	une voyelle	une consonne	une voyelle	une consonne	une voyelle
le	l'	la	l'	les	les
. . . .	. . . .	[gare]	. . . .	. . . .	. . . .
. . . .	. . . .	. . . .	. . . .	. . . .	. . . .
. . . .	. . . .	. . . .	. . . .	. . . .	. . . .
. . . .	. . . .	. . . .	. . . .	. . . .	. . . .

A. Lisez.

LE CHAUD ET LE FROID

L'est et l'ouest

La gauche et la droite

LES RICHES ET LES PAUVRES

Le rêve et la réalité

LES GARÇONS ET LES FILLES

L'œuf
et
la poule

LA VIE ET LA MORT

LES PARENTS ET LES ENFANTS

LE PASSÉ, LE PRÉSENT ET L'AVENIR

LE JOUR ET LA NUIT

Les animaux et les hommes

B. Faites d'autres associations.

. . . .

. . . .

. . . .

. . . .

. . . .

. . . .

DÉTERMINANTS 4

Un, une, des/le, la, l', les : observation/échanges

Lui, il aime

les jeux vidéo
la musique
la vie en société
le ski
la moto
les filles
les animaux

Il a

un ordinateur
des disques
des copains
des posters de skieurs
une rnoto
des copines
un chien

Elle, elle aime

elle aime
la lecture
les voyages
le chocolat
l'amitié
l'amour
l'indépendance

Elle a

elle a :
des livres
des guides de voyage
une provision de chocolat
des amis et des amies
un copain
une profession

et vous ?

Moi, ce que j'aime,	**Moi, ce que je n'aime pas,**
c'est	c'est . . . .
c'est	c'est . . . .
c'est	c'est . . . .
c'est	c'est . . . .
c'est	c'est . . . .
c'est	c'est . . . .
c'est	c'est . . . .
c'est	c'est . . . .
c'est	c'est . . . .
c'est	c'est . . . .

A. Écoutez deux ou trois fois le gialogue sans écrire puis complétez.

À L'HÔTEL

LA CLIENTE : « – Bonjour, j'ai réservé . . . . chambre.

L'EMPLOYÉ : – Vous êtes Mademoiselle… ?

LA CLIENTE : – Mademoiselle Delcour, D-E-L-C-O-U-R.

L'EMPLOYÉ : – . . . . chambre pour . . . . personne ?

LA CLIENTE : – Non, ... personnes.

L'EMPLOYÉ : – Pour   . . . . nuit ?

LA CLIENTE : – Non, ... nuits.

L'EMPLOYÉ : – Ah oui, excusez-moi. C'est . . . . chambre 323 ; voici . . . . clé.

LA CLIENTE : – Il y a   . . . . restaurant dans . . . . hôtel ?

L'EMPLOYÉ : – Oui, mais . . . . restaurant est fermé aujourd'hui.

LA CLIENTE : – Il y a   . . . . bar ?

L'EMPLOYÉ : – Oui et . . . . bar est ouvert.

LA CLIENTE : – Il y a   . . . . station de métro près d'ici ?

L'EMPLOYÉ : – Oui, ... station République.

LA CLIENTE : – Et . . . . cinémas ?

L'EMPLOYÉ : – Oui, il y a . . . . cinéma dans . . . . rue de . . . . hôtel, ... cinéma Royal.

LA CLIENTE : – Est-ce qu il y a . . . . poste dans . . . . quartier ?

L'EMPLOYÉ : – Oui, à 500 mètres, ... poste centrale.

LA CLIENTE : – Je vous remercie. »

Un ou le ? Une ou la ?
Des ou les ? Pourquoi ?

DÉTERMINANTS **4**

Un, *une, des/le, la, l', les* : échanges

A. Complétez.

VOUS ÊTES EN VOYAGE

Dans une ville, il y a	Que choisissez-vous de visiter ?
• une cathédrale gothique	• La cathédrale gothique ?
• un musée d'art moderne	• Le musée d'art moderne ?
• une église romane	• L'église romane ?
• des vieux quartiers	• Les vieux quartiers ?
• un quartier très moderne	• . . . quartier très moderne ?
• un château du Moyen Âge	• . . . château du Moyen Âge ?
• un stade olympique	• . . . stade olympique ?
• une mosquée	• . . . mosquée ?
• un jardin exotique	• . . . jardin exotique ?
• des marchés	• . . . marchés ?
• des ruines romaines	• . . . ruines romaines ?
• un parc zoologique	• . . . parc zoologique ?
• une école modèle	• . . . école modèle ?
• un théâtre baroque	• . . . théâtre baroque ?
• un centre nucléaire	• . . . centre nucléaire ?

B. Répondez et échangez.

• Je choisis de visiter...

   Je vais visiter..., je voudrais visiter...

   J'aime..., je n'aime pas...

   Je ne veux pas visiter...

   Je connais..., je ne connais pas...

• Le . . . m'intéresse.	Le . . . ne m'intéresse pas.
La . . . m'intéresse.	La . . . ne m'intéresse pas.
Les . . . m'intéressent.	Les . . . ne m'intéressent pas.

A. Observez.

où ? quand ? 240

Vous ne connaissez : pas	
le…, la…, l'…, les…	
Rendez-vous	
au…, à la…, à l'…, aux…	= à + le, la, l', les
Pour la visite	
du…, de la…, de l'…, des	= de + le, la, l', les

DÉTERMINANTS 4

B. Complétez.

Du ? De la ? De l' ? Des ?
- 9 h 30 : Visite *des* halles.
- 9 h 45 : Visite *du* palais de justice.
- 11 h : Visite *de la* cathédrale.
- 12 h : Déjeuner dans un restaurant *du* quartier.
- 13 h 30 : Visite *de l'* église Saint-Jean.
- 14 h 30 : Visite *du* château.
- 16 h : Visite *du* parc *du* château.
- 16 h 30 : Visite *du* musée d'Art moderne.
- de 18 h 30 à 19 h : Vous êtes libres.

Au ? à la ? à l' ? aux ?
- 19 h : Rendez-vous *au* grand café.
- 19 h 15 : Réception *à la* mairie.
- 20 h 15 : Arrivée *au* théâtre (durée du spectacle : 2 h).
- 22 h 30 : Retour *à l'* hôtel.

C. Mémorisez les différents lieux de visite et faites-en la liste oralement dans l'ordre ou le désordre.

Demain, nous allons visiter . . . .

. . . .

Demain, nous allons . . . .

. . . .

Demain, nous courons . . . .

. . . .

Le... ? Au... ? Du... ? : évaluation

Complétez avec le, la, l'ou les.

Je cherche
- poste centrale — *Je cherche **la** poste centrale.*
- cinéma Royal — Je cherche le ....
- préfecture — Je cherche .le ....

... s'il vous plaît?
- hôtel Ritz — ***L'**hôtel Ritz, s'il vous plaît?*
- rue de Rivoli — la ruedeRivoli , sur ....?
- Opéra — l'Opéra , sur ....?
- gare de l'Est — La gare de l'Est ....?

Savez-vous où est...?
- Banque de France — *Savez-vous où est **la** Banque de France?*
- église Saint-André — l'église Saint-André ....?
- restaurant universitaire — le restaurant ....?
- bureau des renseignements — le bureau ....?

Pour aller à... s'il vous plaît?
- centre ville — *Pour aller **au** centre ville, s'il vous plaît?*
- université — Pour aller a l'université ....?
- station de métro Bastille — à la station
- Quartier Latin — au Quartier latin
  (a le)

Conduisez-moi à... s'il vous plaît.
- aéroport — *Conduisez-moi **à l'**aéroport, s'il vous plaît.*
- ambassade — a l'ambassade ....
- centre ville — au centre ville ....
- hôpital — a l'hôpital ....

La direction de... s'il vous plaît?
- campus — *La direction **du** campus s'il vous plaît?*
- plage — la direction de la plage ....?
- port — du port ....?
- hôpitaux — des hôptiaux ....?

Il faut combien de temps pour aller de... à...?
- campus-centre ville — *Il faut combien de temps pour aller **du** campus **au** centre ville?*
- hôtel-gare — il faut combien de temps pour aller de l'hôtel à la gare ....?
- centre ville-aéroport — pour aller du centre ville à l'aéroport ....?
- place de l'Opéra-Invalides — pour aller de la place de l'Opéra aux Invalides ....?

A. Observez les exemples, puis complétez le nom des ministères.

La justice — *Le ministère **de la** Justice*

Les affaires étrangères — *Le ministère **des** Affaires étrangères*

L'économie — *Le ministère **de l'**Économie*

Le travail et **l'**emploi — *Le ministère **du** Travail et **de l'**Emploi*

La santé — Le ministère de la santé

L'éducation nationale — de l'éducation

Les universités — Le ministère des universités

L'agriculture — de l'agriculture

La culture et les sports — de la culture et des sports

L'équipement et les transports — de l'équipment et des transports

Les finances — des Finances

L'industrie et le commerce — de l'industrie et du commerce

L'environnement — de l'environnement

La défense — de la défense

L'intérieur — de l'intérieur

4

DÉTERMINANTS

B. Imaginez quelques ministères nouveaux.

Le ministère de l'intelligence, le ministère de la Fête, ...

. . . .

. . . .

C. Faites votre choix : vous devenez ministre ! ministre de quoi ?

Je voudrais être ministre de du velo , ...

. . . .

. . . .

D. Chaque ministre reçoit un cadeau   conditionnel 117
de son choix pour son arrivée au gouvernement ? Que demandez-vous ?

Le ministre des Transports : « Je voudrais une voiture verte. »
Le ministre de l'Intérieur : « J'aimerais avoir un chien de garde. »

. . . .

. . . .

. . . .

A. Quels mots vous inspirent les couleurs suivantes ?
Remplissez le tableau seul ou en groupe.

	SINGULIER			PLURIEL
	m. + consonne	**f. + consonne**	**m/f + voyelle**	**f. + consonne**
le rouge	le sang	. . . .	. . . .	. . . .
le bleu	. . . .	la mer	. . . .	. . . .
le jaune	. . . .			
le blanc	. . . .		l'air	. . . .
le noir	. . . .			
le gris	le ciel	. . . .	. . . .	des nuages
le vert	un fer	un plante	l'azur	les plantes

B. Complétez les questions puis enquêtez ou échangez.
Notez les réponses obtenues.

Quelle est pour vous...

• La couleur *de la* terre ? *de l'eau* ?
• La couleur du feu ? de l' air ?
• La couleur de la nuit ? du matin ?
• La couleur du printemps ? de l'hiver ?
• La couleur de la naissance ? de la mort ?
• La couleur du bonheur ? de la malheur ?
• La couleur de la violence ? de la douceur ?
• La couleur de l'amour ?

La terre est bleue

Comme une orange

Paul Éluard

134

DÉTERMINANTS

4

Verbe+au, à la, à l', aux/du, de la, de l', des : échanges

A. Complétez les questionnaires et échangez.

1. À quoi vous intéressez-vous ?

à tout ? **à** rien ? **à** certaines choses ? **aux**quelles ?

au sport ? **au** cinéma ? . . . .

à la politique ? . . . .

à l'astrologie ? . . . .

aux idées ? **aux** autres ? . . . .

2. De quoi avez-vous peur ?

de tout ? **de** rien ? **de** certaines choses ? **de** certaines personnes ? **de** qui ?
de quoi ?

du noir ? **du** diable ? . . . .

de la tempête ? . . . .

de l'électricité ? . . . .

des serpents ? **des** araignées ? . . . .

de vieillir ? . . . .

3. Qu'est-ce que vous détestez ?

rien ? tout ? certaines choses ? lesquelles ?

le fromage ? **le** froid ? . . . .

la solitude ? . . . .

l'alcool ? . . . .

les exercices de grammaire ? . . . .

B. Complétez librement.

Je m'intéresse beaucoup . . . .

Je m'intéresse un peu . . . .

Je ne m'intéresse pas du tout . . . .

Je déteste vraiment . . . .

J'adore . . . .

J'ai souvent peur . . . .

Je n'ai jamais peur . . . .

DÉTERMINANTS **4**

Nom+*du*, *de la*, *de l'*, *des* : créativité

Voici quelques titres complets de romans.

Le chemin de la faim, G. AMADO

Le chemin des écoliers, M. AYMÉ

Les chemins du grand voyage, A. D'HOTEL

La ferme des animaux, G. ORWELL

Le livre de la Jungle, R. KIPLING

La guerre de la fin du monde, VARGAS LLOSA

4 DÉTERMINANTS

A. Complétez librement les titres qui suivent, puis écoutez et notez les véritables titres donnés par les écrivains français à leurs œuvres.

La femme du . . . . GIONO . . . .

L'enfant de la . . . . SUPERVIELLE . . . .

Les filles du . . . . NERVAL . . . .

Les invités du . . . . SALACROU . . . .

Les démons du . . . . MONTHERLANT . . . .

Les caves du . . . . GIDE . . . .

Le jardin des . . . . MIRBEAU . . . .

Les tiroirs de l' . . . . AYMÉ . . . .

Le bal des . . . . ANOUILH . . . .

Les choses de la . . . . . . GUIMARD . . . .

Le chant du . . . . GIONO . . . .

Le quai des . . . . MAC ORLAN . . . .

La passion des . . . . JAPRISOT . . . .

L'héritage du . . . . FREUSTIER . . . .

Le retour de l' . . . . GIDE . . . .

La recherche de l' . . . . . . BALZAC . . . .

Les crimes de l' . . . . SADE . . . .

B. Comparez vos titres. Quel est le plus beau titre, le plus original, le plus poétique, le plus amusant, le plus philosophique ? `superlatif 195`

Un(e), des/du, de la, de l' : discrimination/observation

Écoutez et complétez. Soulignez les marques du pluriel.
Puis remplissez le tableau.

- **Dans une pharmacie, on peut acheter :**

un médicament ou **des** médicament**s**.

de l'aspirine et **du** shampoing.

un ou **des** produit**s** de beauté.

- **Dans un bureau de tabac, on peut acheter :**

du tabac.

des cigarettes.

. *un* timbre ou . *des* timbres.

. *un* journal ou . *des* journaux.

- **Dans un bureau de poste, on peut acheter :**

. *une* carte ou *des* cartes de télophone.

. *un* timbre ou *des* timbres.

- **Dans une charcuterie, on peut acheter :**

. *du* porc.

. *un* plat ou *des* plats cuisinés.

- **Dans une épicerie, on peut acheter :**

. *du* café et *du* thé.

de la bière et *de l*'eau minérale.

. *du* riz et *de l*'huile.

du fruit ou *des* fruits.

- **Dans une banque, on peut demander :**

de l' argent.

de la monnaie.

. *un* ou *des* carnets de chèques.

- **Dans une agence de voyage, on peut acheter :**

un ou *des* billets de train ou d'avion.

un ou *des* voyages organisés.

une aventure.

- **Chez un fleuriste, on peut acheter :**

une rose ou *des* roses.

une plante ou *des* plantes.

de la terre pour les plantes.

ÉLÉMENTS COMPTABLES			ÉLÉMENTS NON COMPTABLES		
UN	UNE	2, 3, 4... DES	DU	DE LA	DE L'
timbre	curte	cigarettes	Tabac	bière	eau
journal		platscuisinés	cafe	monnaie	huile
plat		cartes	thé	terre	argent
carnet		timbres	riz		l'aventure
billet		fruits	fruit		
		Plantes			

roses **137**

Dites le contraire comme dans l'exemple.

CARACTÈRE 1

Il a du courage.

Il a beaucoup d'énergie.

Il n'a pas d'imagination.

Il n'a pas beaucoup d'humour.

Il a de la patience.

CARACTÈRE 2

Il n'a pas de courage.

Il n'a pas beaucoup d'énergie.

Il a de l'imagination.

Il a beaucoup d'humour.

Il n'a pas de patience.

CHANCE

Elle a de la chance.

Elle a un travail.

Elle a un logement.

Elle a une famille.

Elle a des amis.

Elle n'a pas beaucoup de problèmes.

MALCHANCE

Elle n'a pas de chance.

Elle n'a pas de travail

Elle n'a pas de logement

Elle n'a pas de famille

Elle n'a pas d'amis

Elle a beaucoup de problèmes

GRANDE VILLE

Il y a beaucoup de circulation.

Il y a beaucoup de pollution.

Il y a beaucoup de cinémas.

Il y a beaucoup d'animation.

PETITE VILLE

Il n'y a pas beaucoup de circulation

Il n'y a pas beaucoup de pollution

Il n'y a pas beaucoup de cinéma

Il n'y a pas d'animation

VACANCES AGITÉES

Il y a beaucoup de touristes.

Il y a peu d'endroits calmes.

Il y a beaucoup d'hôtels.

VACANCES CALMES

Il n'y a pas beaucoup de touristes

Il y a peu d'hôtels

4 DÉTERMINANTS

Remarque :

pas de /d'...
beaucoup de/d'...   }   + singulier ou pluriel
peu de /d'

Du, de la, de l', des/x quantité de/pas de, d' : observation/entraînement

A. Observez.

QUANTITÉ INDÉTERMINÉE	QUANTITÉ OU FORME PRÉCISÉE	QUANTITÉ ZÉRO
du vin	une bouteille **de** vin	pas **de** vin
de l'essence	20 litres **d'**essence	pas **d'**essence
de la viande	6 tranches **de** viande	pas **de** viande
des oranges	3 kilos **d'**orange	pas **d'**oranges
des fleurs	un bouquet **de** fleurs	pas **de** fleurs
des timbres	un carnet **de** timbres	pas **de** timbres
du travail	une journée **de** travail	pas **de** travail

B. Complétez librement.

une goutte *des olives* un morceau *de viande* une pincée . . . .
un verre *du vin* . . . un litre *d'essence* une tranche *de viande*
un sac *du sable* . un tube *de colle* une tablette . . . .
une cuillerée *de farine* un bouquet *de fleurs* un flacon *du neige*
une boîte *des oranges* un paquet *des cigarettes* un plat *du fromage*

C. Complétez.

combien 212B ; conditionnel 117

• **Dans une station-service**
– Je voudrais *d l'* essence ordinaire.
– Nous n'avons *pas d'*essence ordinaire.
– Alors, *du* super, 15 litres *de* super.

• **Dans un café**
– Je voudrais une bouteille *d'* eau.
– *de l'*eau gazeuse ou non gazeuse ?
– Gazeuse.
– Avec *de la* glace ?
– Non merci, pas *de* glace.

• **Dans un restaurant**
– Vous prenez un dessert ?
– Non merci, *pas de* dessert.
– Un café ?
– Non *pas de* café, merci.

• **Dans un bureau de tabac**
– Je voudrais une cigarette.
– *du* cigarette ? ce n'est pas possible ! un paquet *de* 10, si vous voulez !
– D'accord.

• **Dans un bureau**
– Pas *de* fax, mademoiselle ?
– *des* fax, oui, plusieurs, mais pas *de* fax urgents !
– Pas *du* coups de téléphone ?
– *des* appels mais pas appels *d'* urgents.
– Parfait !

Du, de la, de l'/pas de, pas d' : entraînement/échanges

A. Complétez.

CERTAINES PERSONNES	D'AUTRES PERSONNES
ont de la mémoire	*n'ont pas de* mémoire
*ont de l'*imagination	*n'ont pas d'*imagination
ont du courage	*n'ont pas de* courage
ont *de la* patience (f)	pas *de* patience
ont *de l'* humour	pas *d'* humour
ont *de la* volonté	pas *de* volonté
ant *de l'* autorité	pas *d'* autorité
ont *du* charme	pas *de* charme
de l' éducation	pas *d'* éducation
de l' instruction	pas *d'* instruction
du tact	pas *de* tact
de la fantaisie	pas *de* fantaisie
de la génie	pas *de* génie
du goût	pas *de* goût
de l' assurance	pas *d'* assurance

B. À votre avis que faut-il dans les professions ou fonctions suivantes ?

> Il faut
> - du…, de la…, de l'…
> - un peu de…, un peu d'…
> - beaucoup de…, beaucoup d'…

Pour être acteur ou actrice, il faut du charme, et beaucoup de charme

Pour être pilote automobile, il faut de l'instruction, beaucoup d'instr

Pour être professeur, il faut de l'autorité, un peu de patience

Pour être avocat(e), il faut . . . .

Pour être médecin, il Faut

Pour être clown, il faut de l'humour, beaucoup d'humour

Pour être homme ou femme d'affaires, il faut du tact, beaucoup de tact

Pour être militaire, il faut de l'instruction

Du, de la, de l'/le, la, les/une, des (quantité) de, pas de : évaluation

Complétez oralement et par écrit.

DANS UNE STATION-SERVICE
– Le plein s'il vous plaît.
– *du* super, *du* gas-oil ou
de l' essence sans plomb ?
– Super.

DANS UN RESTAURANT
– Je voudrais *du* porc avec *des* frites.
– Et comme boisson ?
– *de la* bière.
– Vous avez *des* cigarettes ?
– Ah non ! je regrette, monsieur, nous n'avons pas
de cigarettes.

DEVANT UNE CONSIGNE AUTOMATIQUE
– Vous avez *de la* monnaie ?
– Oui, vous avez *du* chance.

DANS UNE PHARMACIE
– Je voudrais un tube *d'* aspirine.
– Je vous donne *de l'* aspirine vitaminée ?
– Oui, et *une* bouteille *d'* alcool à 90°.

À LA BANQUE
– Je voudrais *une* carnet *de* chèques
et *des* travellers chèques.
– Un moment, s'il vous plaît.

CHEZ LE FLEURISTE
– Je voudrais *une* rose.
– *une* seule rose ?
– Oui, *une* seule rose rouge.

DANS UNE ÉPICERIE
– *un* paquet *de* café et *une* bouteille
d' huile de tournesol.
– Je n'ai plus *d'* huile de tournesol,
une bouteille *d'* huile d'arachide ?
– Non merci.
– C'est tout ?
– Oui. Je suis désolée, je n'ai pas *de* monnaie.

Aucun, 1, 2, 3, *quelques, plusieurs* : observation/échanges

A. Cochez ce qui est vrai pour vous.

aucun 222 ; en 170

☐ Je **n'achète aucun** livre français.

☐ J'achète **un** ou **deux** livres par an.

☐ j'achète **quelques** livres par an.

☐ J'achète **plusieurs** livres par an.

☐ Je ne connais **personne** à Paris.

☐ Je connais **deux** personnes.

☐ Je connais **quelques** personnes.

☐ Je connais **plusieurs** personnes.

☐ Je connais **tout le monde.**

☐ Je ne connais **aucun** film français.

☐ Je connais **un** film français.

☐ Je connais **quelques** films français.

☐ Je connais **plusieurs** films français.

☐ Je n'ai **aucun** ami étranger.

☐ J'ai **un ou deux** amis étrangers.

☐ J'ai **quelques** amis étrangers.

☐ J'ai **plusieurs** amis étrangers.

Pour exprimer la totalité :

Tout le monde	*Toute la classe*
Tous les étudiants	*Toutes les étudiantes*

B. Posez-vous les questions suivantes et répondez-y.

Vous parlez beaucoup de langues étrangères ? . . . .
. . . .

Vous avez visité plusieurs pays étrangers ? . . . .
. . . .

Vous avez beaucoup de projets d'avenir ? . . . .
. . . .

Vous avez plusieurs paires de chaussures de sport ? . . . .
. . . .

Vous avez déjà parlé à un homme politique dans votre vie ? . . . .
. . . .

Vous avez des problèmes concrets à régler aujourd'hui ? . . . .
. . . .

Vous avez beaucoup de billets et de pièces dans votre porte-monnaie ? . . . . . .
. . . .

Vous avez de nombreux amis ? de nombreuses relations ? . . . .
. . . .

Indéfinis toutes formes : évaluation

A. Complétez.

IL FAUT DE TOUT POUR FAIRE UN MONDE

un . . . .

une . . . .

des . . . .

du . . . .

un peu de . . . .

beaucoup de . . . .

pas trop de . . . .

quelques . . . .

plusieurs . . . .

B. Imaginez d'autres définitions sous forme d'additions.

```
        des fenêtres                          des billets
    +   un toit                           +   un peu d'argent
        des portes                            une valise
        des murs                              de l'aventure
        ──────────                            ──────────
        une maison                            un voyage
```

```
        . . . . . . . . . .                   . . . . . . . . . .
    +   . . . . . . . . . .               +   . . . . . . . . . .
        . . . . . . . . . .                   . . . . . . . . . .
        . . . . . . . . . .                   . . . . . . . . . .
        ──────────                            ──────────
        une ville                             un bon acteur
```

```
        . . . . . . . . . .                   . . . . . . . . . .
    +   . . . . . . . . . .               +   . . . . . . . . . .
        . . . . . . . . . .                   . . . . . . . . . .
        . . . . . . . . . .                   . . . . . . . . . .
        ──────────                            ──────────
        un journal                            une entreprise
```

```
        . . . . . . . . . .                   . . . . . . . . . .
    +   . . . . . . . . . .               +   . . . . . . . . . .
        . . . . . . . . . .                   . . . . . . . . . .
        . . . . . . . . . .                   . . . . . . . . . .
        ──────────                            ──────────
        une vie                               un jardin public
```

Mon grand-père s'appelait Homère
Et ma grand-mère Sévère
Mon cher père s'appelle Robert
Et ma mère s'appelle Esther
Mon fils, lui, s'appelle Clovis
Et ma fille s'appelle Camille.
Voulez-vous savoir pourquoi
Mon nom à moi
C'est Eloi.

MLC.

A. Écoutez et complétez. Notez les liaisons par le signe ‿ .

Pour noël
- Mon père m'a acheté une voiture téléguidée,
- ma mère, un garage,
- mon frère, un camion,
- ma grand-mère, un ballon,
- et mon‿arrière-grand-mère, une trompette.

Pour . . . . 40 ans
- . . . . amis m'ont offert un tableau,
- . . . . enfants m'ont offert une montre,
- . . . . associé, une serviette en cuir,
- . . . . associée, une écharpe, et
- . . . . femme, une semaine de vacances.

Pour . . . . . anniversaire
- . . . . petit ami m'a offert un collier,
- . . . . sœurs m'ont offert un pull,
- . . . . amies, du parfum,
- . . . . oncle, un voyage,
- et . . . . parents un stylo et un dictionnaire.

Pour mon départ à la retraite
- . . . . élèves m'ont offert un chat,
- . . . . collègues, un appareil photo,
- . . . . ancienne directrice m'a offert un livre et . . . . nouvelle directrice aussi.

B. Complétez le tableau.

	SINGULIER		PLURIEL
	masculin	féminin	masculin/féminin
Possessif devant consonne	mon père	ma mère	mes collègues
	. . . .	. . . .	. . . .
	. . . .	. . . .	. . . .
	. . . .	. . . .	. . . .
	. . . .	. . . .	. . . .
possessif devant voyelle	mon‿oncle	mon‿arrière-grand-mère	mes‿amis
	. . . .	. . . .	. . . .
	. . . .	. . . .	. . . .
	. . . .	. . . .	. . . .
	. . . .	. . . .	. . . .

Remarquez :
> **Ma** grand-mère et **mon**‿arrière grand-mère.
> **Ma** nouvelle directrice et **mon**‿ancienne directrice.

DÉTERMINANTS **4**

A. Complétez puis formulez les mêmes ordres au pluriel.

1. Range ta chambre !	Rangez votre chambre/vos chambres !
2. Va faire ton travail !	Allez faire votre travail !
3. Ramasse tes jouets !	Ramassez vos jouets !
4. Prépare . . . . affaires !	. . . .
5. Fais . . . . lit !	. . . .
6. Va apprendre . . . . leçons !	. . . .
7. Va aider . . . . mère !	. . . .
8. Parle poliment à . . . . père !	. . . .
9. Laisse . . . . frère tranquille !	. . . .
10. Ne te dispute pas avec . . . . sœur !	. . . .
11. Obéis à . . . . mère !	. . . .
12. Sois gentil avec . . . . grand-mère !	. . . .

Lesquels de ces ordres avez-vous entendus ou formulés le plus souvent ?

B. Terminez la rédaction de l'enquête puis enquêtez. Notez les liaisons et les enchaînements par le signe ‿ .

ÉTUDES	Êtes-vous satisfait(e) de vos études ?
l'université/ l'école	de . . . . ?
les professeurs	de . . . . ?
les cours	de . . . . ?
les horaires	de . . . . ?
VIE PROFESSIONNELLE	Êtes-vous satisfait(e) de votre vie professionnelle ?
le travail	de . . . . ?
rythme de travail	de . . . . ?
salaire/les revenus	de . . . . ?
le lieu de travail	de . . . . ?
VIE SOCIALE	Êtes-vous satisfait(e) de votre vie sociale ?
les ami(e)s	de . . . . ?
les relations	de . . . . ?
VOUS	Êtes-vous satisfait(e) de vous ?
la taille	de . . . . ?
la couleur des cheveux	de . . . . ?
la couleur des yeux	de . . . . ?
le caractère	de . . . . ?

C. Échangez à deux. Trouvez-vous des points communs.

Nous sommes satisfait(e)s de notre/nos . . . .
Nous ne sommes pas satisfait(e)s de notre/nos . . . .

146

A. Complétez avec la forme possessive correcte.
Notez les liaisons et les enchaînements par le signe ⌣ .

Connaissez-vous votre professeur?

ses goût
son pays
son enfance.
. . . . habitudes
. . . . famille
. . . . projets
. . . . études
. . . . façon de vivre
. . . . idées politiques
. . . . âge
. . . . loisirs
. . . . milieu social

Connaissez-vous les autres élèves de la classe?

leur vie
leur pays
leur enfance
. . . . habitudes
. . . . famille
. . . . projets
. . . . études
. . . . façon de vivre
. . . . idées politiques
. . . . âge
. . . . loisirs
. . . . milieu social

B. Complétez.

J'ai rencontré mes voisins de dessus et . . . . chien.

mes voisine du dessous et . . . . petit ami.

mes voisins d'en face et . . . . trois petits enfants.

mes voisins de gauche et . . . . mère.

mon voisin de droite et . . . . secrétaire.

TABLEAU RÉCAPITULATIF DES ADJECTIFS POSSESSIFS

	MASCULIN SINGULIER		FÉMININ SINGULIER		PLURIEL (M et F)	
	consonne	voyelle	consonne	voyelle	consonne	voyelle
à moi	mon	mon⌣	ma	mon⌣	mes	mes⌣
à toi	ton	ton⌣	ta	ton⌣	tes	tes⌣
à lui/elle	son	son⌣	sa	son⌣	ses	ses⌣
à nous	notre	notre⌣	notre	notre⌣	nos	nos⌣
à vous	votre	votre⌣	votre	votre⌣	vos	vos⌣
à eux/elles	leur	leur⌣	leur	leur⌣	leurs	leurs⌣

DÉTERMINANTS

4

147

Imaginez des affiches publicitaires pour :

- votre village, votre ville, votre région, votre pays, votre continent ou la planète terre ;
- votre école ou votre université ;
- un hôtel, un restaurant, un camping, ou tout autre lieu de votre choix.

Possessifs toutes formes : évaluation

A. Complétez avec la forme juste.

On m'a volé mon sac avec

. . . . argent,

. . . . carnet de chèques,

. . . . clés,

. . . . carte d'étudiant,

. . . . carte d'identité,

et . . . . passeport.

Elle ne vit pas seule, elle vit avec

. . . . père,

. . . . mère,

. . . . grands-parents,

. . . . sœur,

et . . . . deux chats.

Police ! Montrez-moi

. . . . permis de conduire,

. . . . papiers d'identité,

. . . . carte grise,

et . . . . attestation d'assurance.

Tu as tout oublié chez moi

. . . . parapluie,

. . . . portefeuille,

. . . . montre,

. . . . appareil photo,

. . . . chaussures de tennis,

et . . . . raquette de tennis.

Ils ont tout quitté

. . . . famille,

. . . . amis,

. . . . maison,

. . . . pays

et . . . . habitudes.

Venez ! Nous allons vous présenter

à . . . . amis,

à . . . . famille,

à . . . . voisins,

et à . . . . connaissances.

CHACUN DE NOUS A

. . . . histoire,

. . . . caractère,

. . . . rêves,

. . . . opinions,

et . . . . façon d'être.

B. Reprenez chaque paragraphe de mémoire.

Ce, *cet*, *cette*, *ces* : discrimination

A. Écoutez et complétez.

Vous savez	Vous connaissez ces gens ?
À qui est . . . . écharpe ?	Qui est . . . . jeune fille ?
à qui sont . . . . chaussures de sport ?	et . . . . jeune garçon ?
à qui sont . . . . gants ?	et . . . . femme en vert ?
à qui est . . . . anorak ?	et . . . . homme en gris ?
à qui est . . . . pull ?	et . . . . bel homme ?
à qui est . . . . veste ?	et . . . . enfant blond ?
à qui est . . . . argent ?	et . . . . très jeune enfant ?
	et . . . . deux adolescentes ?

B. Complétez.

expression du temps 239

1. Oh, là là ! elle est lourde . . . . valise !

2. Attention ! il est méchant . . . . chien !

3. Merci ! ils sont magnifiques . . . . timbres !

4. Merci beaucoup ! Elles sont splendides . . . . fleurs !

5. Impossible ! il n'est pas commode . . . . horaire !

6. Pfff ! il est difficile . . . . test.

7. Elle est nulle . . . . émission !

8. Ils sont faciles . . . . exercices !

9. Mmm ! il sent très bon . . . . parfum !

10. Parfait ! elles sont excellentes . . . . idées !

MASCULIN SINGULIER		FÉMININ SINGULIER		PLURIEL (M et F)	
+ consonne	+ voyelle	+ consonne	+ voyelle	+ consonne	+ voyelle
ce…	cet…	cette…	cette…	ces…	ces…

C. Dictée.

D. Écoutez le poème.

150

A. Lisez les cartes postales ci-dessous. Soulignez les noms propres (Kenya/Rome) et leurs reprises (ce pays/cette ville).

Je suis au Kenya;
Ce pays est magnifique !

Nous sommes à Rome.
Nous adorons cette ville !
Et les Romaines !!!

J'ai visité Pompéi. Tu sais,
cette cité enfouie sous les
cendres du Vésuve.
Impressionnant !

Himalaya ! Himalaya !
Mon rêve depuis toujours
Cette chaîne ! J'y suis.

La Volga, le Danube…
Je les connais enfin
ces fleuves !
Je te raconterai.

Nous voilà en Bretagne.
Cette région est très
attachante.
Un peu humide aussi.

On traverse le Sahara.
Ce désert est magnifique
… et désert.

En route pour l'Asie.
Je ne connais pas ce
continent.

Tu ne connais sans doute pas
Sixt. Ce petit village
savoyard est charmant sans
la neige.
On skie, on mange et on dort.

DÉTERMINANTS

4

B. Imaginez d'autres cartes postales.

LEXIQUE POUR VOUS AIDER

un lieu, un endroit • un village, une ville, une capitale, un port • une région, une province, un État, un pays, un continent • une chaîne de montagne, un sommet, un volcan • un lac, une rivière, un fleuve, une côte, une île, un archipel, une baie • une plaine, un désert

A. Complétez.

DANS UNE SOIRÉE

– Je ne connais pas . . . . gens. Qui est . . . . personne ?

– Je ne sais pas. Je connais seulement . . . . homme en noir et . . . . femme près de la porte.

AU MUSÉE

– Il est superbe . . . . tableau !

– . . . . tableau ? Tu aimes ?

DEVANT UNE CABINE TÉLÉPHONIQUE

– Elle marche, la cabine ?

– . . . . cabine ne marche jamais.

DANS UNE LIBRAIRIE

– Tu connais . . . . auteur ?

– Oui, mais pas . . . . roman.

DANS LA RUE

– Qu'est-ce que c'est que . . . . foule ?

– Une manifestation, je crois.

AU RESTAURANT

– Alors, ... addition, elle vient ?

– Tout de suite, tout de suite.

DEVANT UN RESTAURANT

– Mmm, ça sent bon !

– Oui, il est excellent . . . . restaurant.

À UN ARRÊT DE BUS

– Le bus 22 est en retard.

– Il est toujours en retard, ... bus.

À LA MAISON

– Oh, ... musique ! . . . . bruit

– Elle est super . . . . musique !

DANS UN MAGASIN

Un policier entre et montre une voiture dans la rue.

« Elle est à qui . . . . voiture ? »

DANS L'AVION

– Et alors . . . . avion, il décolle oui ou non ?

– Dans dix minutes, monsieur.

B. Formulez des questions comme dans les exemples.

Qu'est-ce qui se passe ?

- **la** porte est ouverte → « Pourquoi **cette** *porte est-elle ouverte* ? »
- il y a **du** désordre dans **la** pièce → « *Qu'est-ce que c'est que ce désordre dans* ***cette*** *pièce* ? »

- il y a du désordre sur un bureau → « Pourquoi…
- deux téléphones sont décrochés → « Pourquoi…
- plusieurs tiroirs sont ouverts → « Pourquoi…
- une chaise est renversée → « Pourquoi…
- il y a une odeur bizarre → « Qu'est-ce que c'est que…
- il y a des traces sur la moquette → « Qu'est ce que c'est que…

152

Les pronoms

Quand tu dors
Toi tu dors la nuit
Moi j'ai de l'insomnie
Je te vois dormir
Ça me fait souffrir [...]
Toi tu rêves la nuit
Moi j'ai des insomnies
Je te vois rêver
Ça me fait pleurer [...]

J. Prévert, Extrait de Histoires, © Gallimard

Salut
c'est
nous

Moi, je
Moi, je
Moi, je
Moi, je

Elle
+ Lui
= Eux

Choisis :
**C'est lui
ou moi !**

TOI

Elle
m'aime

Pas
VOUS

C'est
MOI
qui

NOUS,
on va
gagner

TONIQUE	NON TONIQUE	TONIQUE	NON TONIQUE
moi	je	nous	nous/on
toi	tu	vous	vous
lui	il	eux	ils
elle	elle	elles	elles

5 PRONOMS

Préposition + moi, toi, lui... : observation

A. Lisez les dialogues à deux
Soulignez les prépositions et les pronoms qui les suivent.

1.
« Voilà un cadeau !
– C'est pour qui ?
– C'est <u>pour toi</u>.
– C'est <u>pour moi</u> ? Merci. »

2.
« Jules et Jim partent.
– Je pars avec eux.
– Moi, je reste encore.
– Non, viens avec nous. »

3.
« On téléphone à Michel !
– Il n'est pas chez lui.
– Et Anne, elle est chez elle ?
– Je ne sais pas. »

4.
« Mademoiselle ?
– Il est à vous ce chien ?
– Non, il n'est pas à moi.
– Ah ! excusez-moi. »

5.
« On commence ?
– Les filles ne sont pas là !
– Commençons sans elles.
– Oh ! non, pas sans elles. »

6.
« Qui est-ce, là-bas ?
– C'est le directeur.
– Et à côté de lui, c'est qui ?
– C'est sa femme. »

B. Complétez avec le pronom qui convient.

1. Je connais bien Georges, je travaille avec ....
2. C'est l'anniversaire de Barbara, j'ai un cadeau pour ....
3. Ils ne sont pas là, ils restent chez ....
4. Si tu sors, je vais avec ....
5. Ils sont en retard, partons sans ....
6. Où est Jacques ? Il y a un coup de téléphone pour ....
7. Chacun pour .... et Dieu pour tous (proverbe).
8. Je peux m'asseoir à côté de .... ? Tu permets ?

Prépositions	Pronom tonique
à	
avec	moi, toi, soi
chez	nous, vous
sans	lui, elle
pour	eux, elles
à côté de	

je te, tu me… : observation

A. Écoutez, lisez et observez la prononciation
(lettres ou mots non prononcés, liaisons).

1. – Vous me comprenez ?
– Non.
– Vous ne me comprenez pas ?
– Non, je ne vous comprends pas.

2. – Tu m'aimes ?
– Mais oui, je t'aime.
– Tu m'aimes vraiment ?
– Je te dis et je te répète que je t'aime.

3. – Je ne te fatigue pas ?
– Si, tu me fatigues.

4. – Tu me pardonnes ?
– Bon, je te pardonne.

5. – Nous te félicitons.
– Je vous remercie, c'est gentil.

6. – Tu me crois ou non ?
– Je te crois.

7. – Pourquoi tu ne m'as pas téléphoné ?
– Tu ne me l'as pas demandé !

8. – Vous ne m'avez pas commandé un café ?
– Si, si, il arrive.

9. – Nous ne vous avons pas remercié.
– Si, votre femme m'a remercié.

10. – Je vous ai posé une question !
– Je ne vous ai pas répondu, mais je vais le faire.

11. – On ne pourrait pas se tutoyer ?
– Bien sûr, on peut se tutoyer.

12. – Je peux te poser une question ?
– Vas-y, je t'en prie.

13. – On ne peut pas vous aider ?
– Malheureusement non !

14. – Vous pouvez m'indiquer le chemin ?
– Venez, je vais vous accompagner.

B. Notez les phrases dans le tableau. Observez la place des pronoms.

	Structure affirmative	Structure négative
Temps simples	**Vous me** comprenez.	**Je** ne **vous** comprends pas.
Temps composés	**Je vous** ai posé une question.	**Tu** ne **m'**as pas téléphoné.
Verbe + infinitif	**On** peut **se** tutoyer ?	**On** ne pourrait pas **se** tutoyer ?

C. Complétez la deuxième réplique en réutilisant le même verbe.

« Je vous dérange peut-être ?
– Non, *vous ne me dérangez pas.* »

1. « Vous ne me reconnaissez pas ?
   – Non, je suis désolé(e), je .... »

2. « Tu m'attends ?
   – Non, je .... »
   – Tu me rejoins ?
   – D'accord, je .... »

3. « Je suis sûr que vous ne me croyez pas.
   – Vous avez raison, on .... »

4. « Je ne t'ennuie pas ?
   – Pas du tout, tu .... »

5. « Ça t'intéresse ?
   – Non, ça .... »

6. « Je vous ai fait mal ?
   – Non, non, vous .... »

7. « On s'est déjà rencontrés ?
   – Non, jamais, on .... »

8. « Je t'ai remboursé tes 200 francs ?
   – Eh non, tu .... »

9. « Nous vous avons mal conseillé ?
   – Non, vous .... »

10. « Tu peux me raconter ?
    – Malheureusement non, je .... »

11. « Vous allez nous laisser seuls ?
    – Mais non, on .... »

12. « Je ne peux pas vous aider ?
    – Mais si, vous .... »

PRONOMS **5**

D. Lisez 2 ou 3 fois chaque phrase puis essayer de la retrouver de mémoire.

• Je t'ai dérangé(e) trois fois, mais c'est fini, je ne te dérange plus, je ne vais plus te déranger.

• On ne se dit rien, on ne s'est jamais rien dit, on ne veut rien se dire.

• Je ne t'ai jamais quitté(e) et je ne te quitterai jamais, je ne peux pas te quitter.

• Elle ne m'a jamais tutoyé(e), elle ne me tutoie pas, elle ne veut pas me tutoyer.

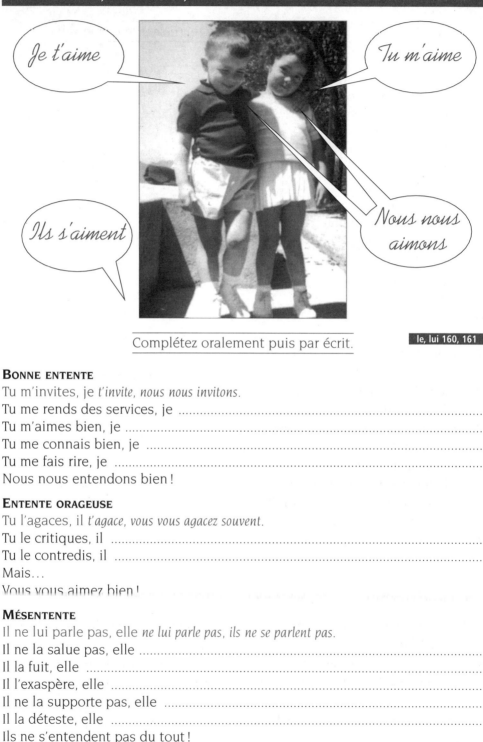

Je t'aime

Tu m'aime

Nous nous aimons

Ils s'aiment

Complétez oralement puis par écrit.

le, lui 160, 161

BONNE ENTENTE

Tu m'invites, je *t'invite, nous nous invitons.*
Tu me rends des services, je ....
Tu m'aimes bien, je ....
Tu me connais bien, je ....
Tu me fais rire, je ....
Nous nous entendons bien !

ENTENTE ORAGEUSE

Tu l'agaces, il *t'agace, vous vous agacez souvent.*
Tu le critiques, il ....
Tu le contredis, il ....
Mais...
Vous vous aimez bien !

MÉSENTENTE

Il ne lui parle pas, elle *ne lui parle pas, ils ne se parlent pas.*
Il ne la salue pas, elle ....
Il la fuit, elle ....
Il l'exaspère, elle ....
Il ne la supporte pas, elle ....
Il la déteste, elle ....
Ils ne s'entendent pas du tout !

Entraînez-vous à l'oral puis écrivez les verbes.

1. « On (*se retéléphoner*) ?   *on se retéléphone*
– D'accord, on (*se rappeler*) quand ? »   *on se rappelle*

2. « On (*se donner*) rendez-vous où ?   ....
– On (*se retrouver*) chez toi. »   ....

3. « On (*se revoir*) quand ? Cette semaine ? ....
– Non, on ne (*se revoir*) plus cette semaine. » ....

4. « On ne (*se quitter*) plus ?   ....
– On ne (*se quitter*) plus. »   ....

5. « On (*s'accorder*) une pause ?   ....
– Oui, on (*se donner*) un quart d'heure ? »   ....

6. « On (*se connaître*) ?   ....
– Non, on ne (*se connaître*) pas, il me semble. » ....

7. « On (*s'asseoir*) ?   ....
– Oui, on (*s'installer*) où ?   ....
– On (*se mettre*) là ?   ....
– On (*se mettre*) là ! »   ....

8. « On (*se retrouver*) quel jour ?   ....
– On (*se réunir*) mardi, non ?   ....
– Ah oui, et on (*se retrouver*) à quelle heure ? ....
– À 9 heures. »   ....

9. « On (*se préparer*) ?   ....
– Oui, il est temps, on (*s'habiller*) comment ? ....
– On (*s'habiller*) comme tu veux. »   ....

10. « On (*se faire*) un café ?   ....
– D'accord. »   ....

11. « On (*se montrer*) ?   ....
– On ne (*se montrer*) pas, on (*se cacher*).   ....
– On (*se reposer*) un peu ?   ....
– Oui, on (*s'arrêter*) cinq minutes. »   ....

PRONOMS 5

159

A. Observez les différentes formes des pronoms.
Pourquoi ces différentes formes ?

Que faire ?

lui sourire ?
la suivre ?
l'embrasser ?
lui prendre la main ?
lui écrire ?
la faire rire ?
lui parler ?
lui offrir des bonbons ?
l'emmener en promenade ?
ou
l'oublier ?

5 PRONOMS

Que faire ?

le revoir ?
l'ignorer ?
le faire attendre ?
lui répondre ?
lui dire oui ?
lui téléphoner ?
le rejoindre ?
le remercier ?
lui renvoyer sa lettre ?
lui proposer une
rencontre ?
l'inviter chez moi ?
ou
le fuir ?

B. Classez ces verbes dans un tableau selon leur construction.

verbe + quelqu'un *ou* quelque chose	verbe + à + quelqu'un	verbe + (quelque chose) + à + quelqu'un
suivre quelqu'un revoir quelqu'un	sourire à quelqu'un	écrire (une lettre) à quelqu'un

PRONOMS 5

C. Rajoutez-y d'autres verbes.

Le, la, l', les ? Lui, leur ? : observation

A. Devinettes.

1. On **les** met dans les chaussures.   *Les pieds.*

2. On **l'**ouvre quand il pleut.   *Son parapluie.*

3. On vous les demande à la frontière.   ....

4. On les ouvre le matin, on les ferme le soir.   ....

5. On les coupe quand ils sont trop longs.   ....

6. On les met dans une boîte et elles partent.   ....

7. On a mal aux yeux si on le regarde.   ....

8. On l'entend mais on ne le voit jamais.   ....

9. On les attend en général neuf mois.   ....

10. Certains le cherchent toute leur vie.   ....

1. Vous **leur** montrez vos passeports
aux frontières.   *Aux policiers*

2. On **lui** a coupé la tête en 1793.   *Au roi de France Louis XVI*

3. On leur raconte des histoires
pour les endormir.   ....

4. On doit leur laisser sa place dans le bus.   ....

5. Les enfants lui écrivent à Noël
pour demander des cadeaux.   ....

6. On lui confie l'avenir du pays.   ....

7. On leur a accordé le droit de vote en 1944
en France.   ....

8. On leur doit le jour.   ....

9. Certains lui ont vendu leur âme.   ....

10. Une pomme lui est restée dans la gorge.   ....

11. Il faut lui « faire la guerre ».   ....

B. Préparez d'autres devinettes et posez-vous les.

LES MAÎTRES ET LEURS CHIENS

On peut	aimer nourrir promener battre caresser attacher soigner dresser laver abandonner punir	son chien
On peut aussi	parler faire mal obéir ressembler faire confiance faire peur	à son chien
On peut encore	acheter lancer apprendre interdire permettre	quelque chose à son chien
Ou bien	se promener avec chasser avec chasser sans courir derrière jouer avec vivre pour	son chien

PRONOMS

5

Reprenez oralement les différentes séries en pronominalisant.

- On peut avoir un chien, l'aimer, le nourrir, le promener…
- On peut aussi, si on a un chien, lui parler, lui faire mal…
- On peut encore, lorsqu'on a un chien, lui acheter des os…
- Ou bien encore on peut se promener avec lui…

Le, la, l', les ? Lui, leur ? : entraînement

A. Reformulez les questions avec le pronom qui convient.

Questions à une petite fille sur elle et sa poupée

- Comment tu as appelé ta poupée ?   *Comment tu l'as appelée ?*

- Tu fais des vêtements à ta poupée ?   *Tu lui fais des vêtements ?*

- Tu vas à l'école avec ta poupée ?   *Tu vas à l'école avec elle ?*

- Tu aimes ta poupée ?   ....

- Tu parles à ta poupée ?   ....

- Tu racontes des histoires à ta poupée ?   ....

- Tu grondes ta poupée ?   ....

- Tu promènes ta poupée ?   ....

- Tu interdis des choses à ta poupée ?   ....

- Tu es gentille avec ta poupée ?   ....

Questions à un dompteur sur lui et ses lions

- Vous faites confiance à vos lions ?   *Vous leur faites confiance ?*

- C'est vous qui nourrissez vos lions ?   *C'est vous qui les nourrissez ?*

- Vous êtes tendre avec vos lions ?   *Vous êtes tendre avec eux ?*

- Qu'est-ce que vous donnez à manger à vos lions ?   ....

- Vous travaillez combien d'heures par jour avec vos lions ?   ....

- Ça a été difficile de, dresser vos lions ?   ....

- Vous frappez vos lions ?   ....

- Vous faites peur à vos lions ?   ....

- Vous parlez fort à vos lions ?   ....

- Vous avez peur de vos lions ?   ....

Le, la, l', les ? Lui, leur ? : entraînement

Questions à des parents sur eux et leurs enfants

- Vous aidez vos enfants à travailler ?   *Vous les aidez à travailler ?*

- Vous consacrez du temps
à vos enfants ?   *Vous leur consacrez du temps ?*

- Vous faites beaucoup pour vos
enfants ?   *Vous faites beaucoup pour eux ?*

- Vous faites confiance à vos enfants ?   ....

- Vous jouez avec vos enfants ?   ....

- Vous laissez vos enfants très libres ?   ....

- Vous poussez vos enfants à travailler ?   ....

- Vous donnez de l'argent de poche
à vos enfants ?   ....

- Vous punissez beaucoup vos enfants ?   ....

- Vous êtes tendre avec vos enfants ?   ....

- Vous êtes possessifs avec vos enfants ?   ....

- Vous vous inquiétez pour vos enfants ?   ....

- Vous comprenez vos enfants ?   ....

B. Imaginez un autre questionnaire sur un des sujets suivants :

- Les écrivains et leurs chats
- Les peintres et leurs modèles
- Les grands-parents et leurs petits-enfants
- Des médecins et leurs malades
- Des voisins entre eux
- Des gardiens de prison et leurs détenus
- Des avocats et leurs clients…

PRONOMS 5

A. Complétez avec les pronoms qui conviennent.

1. « Tu connais mes parents ?
– Non, je ne .... connais pas.

2. « Vous cherchez quelqu'un ? »
– Oui, Michel Delbart, je dois
.... parler.

3. « Vous .... connaissez cette
femme ?
– Oui, je .... vois souvent. »

4. « Qu'est-ce qu'on .... apporte à
Stéphane ?
– On va .... acheter un disque
de rock. »

5. « Tu ne .... invites pas ?
– Qui ?
– Suzanne et Jean.
– Si, si, je vais .... téléphoner.
– Appelle-......... tout de suite. »

6. « Vous ne parlez pas à votre ex-
femme ?
– Mais si, je .... revois souvent.
– Vous .... aimez encore ?
– Je .... trouve toujours char-
mante, c'est vrai. »

B. Complétez avec les pronoms qui conviennent.

Lorsqu'un étudiant veut faire un stage dans la société Léonard, Monsieur
Léonard, le directeur, lui donne rendez-vous, ... reçoit et .... interroge.
Puis il montre .... l'usine, ... explique le travail à faire, ... présente
à ses collègues et .... inviter à dîner.

C. Reprenez le même texte en variant les sujets.

Lorsqu'une étudiante... Lorsque des étudiants...

D. Complétez ces annonces.

Marie a 25 ans, elle est seule et triste. Voulez-vous . . . . rencontrer ? . . . . inviter à déjeuner ? . . . . envoyer des fleurs ?

Jacques a 55 ans, il est beau, riche et seul. Souhaitez-vous partir en vacances avec . . . . ? Souhaitez-vous . . . . rendre heu- reux ? Souhaitez-vous . . . . épouser ?

Pierre et Jean sont jeunes, heureux de vivre et sans le sou. Que diriez-vous de . . . .

5 PRONOMS

A. Lisez.

> *Nous, nous avons deux bras*
> *Les avions ont des ailes*
>
> *Nous avons trente-deux dents*
> *Les fourchettes en ont quatre*
>
> *Nous n'avons pas de pattes*
> *Les mille-pattes en ont mille*
>
> *Nous n'avons que deux pieds*
> *Mais les chaises en ont quatre*
>
> *Nous avons des oreilles*
> *Les murs en ont aussi*
>
> *Nous n'avons qu'un seul cœur*
> *Les salades aussi.*   M L C.

B. Écoutez le dialogue et soulignez le pronom **en**.
Notez les liaisons.

« Je vais faire les courses, qu'est-ce que j'achète ?

– Achète du pain ! il n'y en a plus.

– Du sucre ?

– Non, il en reste.

– De l'huile ?

– Non, on en a encore.

– Du beurre ?

– Oui, prends-en.

– Du lait ?

   Non, j'en ai acheté hier.

– De la salade ?

– Non, on en a.

– C'est tout ? Pas de chocolat ?

– Ah si ! du chocolat ! Achètes-en. »

C. Écoutez et ajoutez au dialogue ci-dessus les précisions apportées
dans le deuxième enregistrement.

PRONOMS 5

- *En* **remplace un substantif précédé d'indéfinis ou de numéraux**
- du travail, du café, de la bière, de la chance, de l'argent, de l'eau
- une bouteille, un verre, un travail, un, deux, trois, quatre enfants

Il apparaît seul

• J'en cherche	= du travail, des amis…
• Je vais en acheter	= des cigarettes, de l'essence…
• Je vais en faire	= du sport, des exercices…

ou accompagné d'un terme quantificateur

• J'en cherche un	= un travail, un ami…
• Je vais en acheter un ou deux	= un ou deux livres, un ou deux pains…
• Je vais en faire un peu	= un peu de sport, un peu de café…
• Je vais en faire quelques-unes	= quelques pages, quelques revues…

ou d'un terme qualificateur

• J'en ai un bleu	= un ballon bleu, un vélo bleu…
• J'en cherche un plus grand	= un appartement plus grand…
• J'en vends de magnifiques	= des objets magnifiques…

Écoutez et complétez les dialogues.

1. « Du sucre ?

– ....

– ....

– .... »

2. « Je fais du café ?

– ....

– ....

– .... »

3. « Vous voulez un peu de vin ?

– .... »

4. « Tu as trouvé du travail ?

– .... »

5. « Tu as des cigarettes ?

– ....

– .... »

6. « Papa, je n'ai plus d'argent de poche.

– ....

– .... »

7. « Tu as des projets de vacances ?

– .... »

8. « Tu connais un bon restaurant grec ?

– .... »

En... : observation

A. Devinettes.

1. On **en** achète quand on voit mal.   *des lunettes, des lentilles*
2. Il y **en** a des gris, des blancs et des noirs dans le ciel.   *des nuages, des oiseaux*
3. Si on **en** boit trop, la tête tourne.   *du vin, de l'alcool*
4. On peut en faire sur la neige et sur l'eau. ....
5. Il y en a dans la mer et on en met sur les aliments. ....
6. Quand on n'en a plus, on va à la banque. ....
7. En France, on doit en avoir un pour conduire. ....
8. On en a tous bu quand on était bébé. ....
9. Les bicyclettes en ont deux et les voitures en ont quatre. ....
10. On en a tous peur. ....
11. Si on gagne, c'est qu'on en a. ....
12. On en prend quand on est malade. ....
13. On en verse quand on est triste. ....
14. Il faut en avoir avec les enfants. ....
15. Si vous oubliez, c'est que vous n'en avez pas. ....

B. Rajoutez d'autres devinettes avec *en*. Posez-les-vous.

....
....
....
....
....
....
....
....
....
....
....
....
....
....

PRONOMS 5

En, les ? : observation/entraînement

A. Observez l'emploi de **en** et de **les**.

« Vous avez lu des romans de Le Clézio ? – Oui, j'en ai lu. – Vous en avez lu beaucoup ? – Non, j'en ai lu deux, et vous ? – Je les ai tous lus. »

« Vous pouvez citer les capitales européennes ? – Je ne peux pas les citer toutes. – Vous pouvez en citer combien ? – Je pense que je peux en citer une quinzaine. »

B. Cochez puis répondez.

Combien de langues scandinaves parlez-vous ?
☐ Je les parle (presque) toutes.
☐ J'en parle plusieurs.
☐ J'en parle quelques-unes.
☐ J'en parle une, deux.
☐ Je n'en parle aucune.

Combien de pays africains connaissez-vous ?
☐ Je les connais (presque) tous.
☐ J'en connais plusieurs.
☐ J'en connais quelques-uns.
☐ J'en connais un ou deux.
☐ Je n'en connais aucun.

• « Combien de marques de voitures pouvez-vous citer ?
– .... »

• « Combien de langues slaves parlez-vous ?
– .... »

• « Combien d'exercices de ce livre avez-vous faits ?
– .... »

• « Combien d'élèves de votre classe connaissez-vous ?
– ....

• « Combien de films français avez-vous vus ?
– .... »

• « Combien de villes étrangères avez-vous visitées ?
– .... »

• « Combien de dents de lait avez-vous perdues ?
– .... »

• « Combien d'acteurs ou d'actrices avez-vous rencontrés personnellement ?
– .... »

Remarquez l'accord du participe passé	
Accord du participe passé :	Pas d'accord du participe passé avec en
• « Combien de romans avez-vous lus.	– J'en ai lu deux. »
• « Combien de films français avez-vous vus ?	– j'en ai vu plusieurs. »
• « Combien de dents de lait avez-vous perdues ?	– J'en ai perdu plus d'une. »

Rendez les dialogues naturels en pronominalisant ce qui est **en gras**.

• « Vous faites beaucoup de photos ?
  – Non, je ne fais pas **de photos**   – *Non, je n'en fais pas.*
  – Qu'est-ce que vous pensez de mes photos ?
  – Je trouve **ces photos** réussies.   – *Je les trouve réussies.*

1. « Vous avez trouvé un appartement ?
  – Oui, on a trouvé un **appartement** hier.   ....
  – Il est bien ?
  – Venez voir **l'appartement** !   ....

2. « Tu as acheté un journal ?
  – J'ai acheté plusieurs **journaux**.   ....
  – Tu peux me passer **les journaux**.
  – Je te passe un **journal**, je garde les autres.   ....

3. « Tu as pris ton médicament ?
  – Oui, j'ai pris **mon médicament**.   ....
  – Tu dois prendre combien de cachets ?
  – Je dois prendre trois **cachets** par jour.   ....

4. « Tu veux voir le dernier film de Louis Malle ?
  – Tu as enregistré **ce film** ?   ....
  – Oui, et si tu veux j'ai d'autres **films** de lui.   ....
  – Je veux bien, je n'ai vu aucun **de ses films**.   ....

5. « Vous connaissez tous ces jeunes ?
  – Oui, je connais tous **ces jeunes**.   ....
  – Moi, je ne connais que deux **de ces jeunes**.   ....
  – Venez, je vais vous présenter **ces jeunes**.   ....

6. « Tu pratiques le judo depuis longtemps ?
  – Depuis cinq ans.
  – Tu fais beaucoup **de judo** ?   ....
  – Je fais **du judo** trois fois par semaine.   ....

7. « Tu aimes ce chanteur ?
  – J'adore son dernier disque.
  – J'ai **son dernier disque**.   ....
  – J'écouterais bien **son dernier disque**.   ....

8. « Elle est marrante, ta cravate !
  – Tu trouves **ma cravate** ridicule ?   ....
  – Pas du tout, je trouve **ta cravate** marrante.   ....
  – Si tu aimes **ma cravate**, je te donne **ma   ....
  cravate**.   ....

PRONOMS **5**

En / y : *construction verbale* : observation

A. Lisez, observez le choix du pronom et sa place, puis répondez.

Vous croyez au progrès social ?
☐ Oui, j'y crois.
☐ Non, je n'y crois pas.

Vous avez peur de l'orage ?
☐ Oui, j'en ai peur.
☐ Non, je n'en ai pas peur.

Vous pensez à changer de travail ?
☐ Oui, j'y pense.
☐ Non, je, n'y pense pas.

Vous avez besoin de faire du sport ?
☐ Oui, j'en ai besoin.
☐ Non, je n'en ai pas besoin.

Vous vous habituez à votre vie ?
☐ Oui, je m'y habitue.
☐ Non, je ne m'y habitue pas.

Vous vous souvenez de votre adresse ?
☐ Oui, je m'en souviens.
☐ Non, je ne m'en souviens pas.

Verbe + à quelque chose ↓ y	**Verbe +** de quelque chose ↓ en
• S'intéresser à • Renoncer à • S'habituer à • Penser à • Faire attention à • Se soumettre à • Résister à • Etc.	• Se souvenir de • Manquer de • Avoir besoin de • Avoir envie de • Avoir peur de • Se moquer de • S'occuper de • Etc.

B. Complétez les questions oralement puis par écrit.

• Vous avez peur de la maladie ou…
  Vous avez peur *de la maladie* ou vous n'*en* avez pas peur ?

• Je voudrais savoir s'il s'habitue à son nouvelle vie ou…
  Je voudrais savoir s'il s'habitue *à sa nouvelle vie*, ou s'il ne s'*y* habitue pas ?

1. Vous avez besoin d'argent ou… ?

. . . .

2. Tu fais attention à ta prononciation ou… ?

. . . .

3. Est-ce qu'il a besoin de travailler… ?

. . . .

172

4. Dites-moi si vous voulez vous occuper de mes affaires ou...

. . . .

5. Tu t'intéresses à la politique ou... ?

. . . .

6. Vous ne croyez pas aux valeurs démocratiques ou... ?

. . . .

7. Dis-moi si tu penses à tes prochaines vacances ou... ?

. . . .

8. Vous vous souvenez de votre petite enfance ou bien... ?

. . . .

9. J'aimerais savoir si elle s'habitue à son mode de vie ou... ?

. . . .

10. Tu as envie de voyager ou... ?

. . . .

Pronominalisation

Tous les verbes à double complément **verbe** + qqchose à qq quelqu'un	lui leur	• Je lui donne mon adresse • Je leur explique le problème • Je lui demande un service • Je leur prépare un café
Tous les verbes Se **+ verbe +** à + quelqu'un	à lui à elle à eux à elles	• Je m'intéresse à lui • Je m'habitue à elle • Je m'oppose à eux • Je m'adresse à elles
verbe + à + quelqu'un	lui leur	• Je lui parle • Je lui téléphone • Je leur obéis • Je leur résiste
verbe + à + quelq'un	à lui à elle à eux à elles	• Je pense à lui • Je fais attention à elle • Je tiens à eux • Je renonce à elles
verbe + de + quelqu'un	de lui d'elle d'eux d'elles	• Je parle de lui • Je me moque d'elle • Je me souviens d'eux • j'ai peur d'elles • Je m'occupe de lui

Écoutez, complétez.

- **À PROPOS D'UN TÉLÉVISEUR À LIVRER :**
  On vous *le* livre à quelle adresse ?

- **À PROPOS D'UN DISQUE PRÊTÉ :**
  Tu .... rends quand ?

- **À PROPOS D'UN CHAT À GARDER :**
  Tu .... laisses combien de jours ?

- **À PROPOS D'UNE CHAMBRE D'HÔTEL À RÉSERVER :**
  Je .... réserve pour combien de jours ?

- **À PROPOS DE CASQUETTES CONVOITÉES :**
  Il .... achète où ses casquettes ?

- **À PROPOS D'UNE LETTRE URGENTE POUR X :**
  Pourquoi ne pas .... glisser sous sa porte ?

- **À PROPOS DES AGRAFES D'UN ENFANT :**
  Le médecin .... retire quand ?

- **À PROPOS D'UN LIVRE PRÊTÉ À QUELQU'UN :**
  N'oublie pas de .... rendre.

- **À PROPOS D'UNE BONNE NOUVELLE POUR DES AMIS :**
  On va .... annoncer tout de suite ?

- **À PROPOS D'UN STUDIO À FAIRE VISITER À DES CLIENTS :**
  Vous .... faites visiter quel jour ?

- **À PROPOS DE BIJOUX OUBLIÉS PAR DES INCONNUS :**
  On .... rend ou on .... pique ?

5 PRONOMS

Place des pronoms Toutes constructions			Sauf impératif positif	
1	**2**		**1**	**2**
me				
te	le		le	moi
se	la	lui	la	nous
nous	les	leur	les	lui
vous				leur
	1	**2**		

174

A. Observez et mémorisez.

SECRET DE POLICHINELLE	SECRET BIEN GARDÉ
Ils en parlent à tout le monde	Ils n'en parlent à personne
Ils m'en parlent	Ils ne t'en parlent pas
Ils t'en parlent	Ils ne m'en parlent pas
Ils lui en parlent	Ils ne lui en parlent pas
Ils leur en parlent	Ils ne leur en parlent pas
Ils vous en parlent	Ils ne vous en parlent pas
Tout le monde est au courant	Personne ne sait rien

B. Reprenez oralement :

SECRET DE POLICHINELLE
au passé composé.

Ils en *ont parlé* à tout le monde
Ils m'en *ont parlé*

SECRET BIEN GARDÉ
avec *vouloir*, *pouvoir*, *devoir* ou *aller*.

Ils ne *peuvent* en parler à personne
Ils ne *peuvent* pas m'en parler

....

....

....

....

....

C. Observez et mémorisez.

Chut !	**Parle !**
Tais-toi	Mais parle voyons !
Ne m'en parle pas !	Parle-m'en !
Ne lui en parle pas !	Parle-lui en !
Ne leur en parle pas !	Parle-leur en !
Ne nous en parle pas !	Parle-nous en !
Ne dis rien à personne !	Ne garde pas ça pour toi !

PRONOMS 5

175

Ordre des pronoms : entraînement

A. Complétez oralement puis par écrit en utilisant deux pronoms complément.

AVANT J'AVAIS... JE N'AI PLUS

ne... plus 224

1. Je n'ai plus de permis de conduire, on (*retirer*)   ...*me l'a retiré*

2. Je n'ai plus de pantoufles, le chien (*déchirer*)   ....

3. Je n'ai plus de chapeau, le vent (*enlever*)   ....

4. Je n'ai plus de dents de sagesse, le dentiste (*arracher*)   ....

5. Je n'ai plus d'illusions, la vie (*détruire*)   .... accord 65, 67, 170

AVANT JE N'AVAIS PAS... MAINTENANT J'AI

1. Je n'avais pas d'argent, un vieil oncle (*envoyer*)   ...*m'en a envoyé*

2. Je n'avais pas de voiture, mes parents (*offrir*)   ....

3. Je n'avais pas d'appartement, un ami (*prêter*)   ....

4. Je n'avais pas de travail, un voisin (*trouver*)   ....

5. Je n'avais pas de chance, la vie (*donner*)   ....

B. Reprenez ces phrases en changeant de sujet.

• *tu*, *nous* ou *vous*.

Avant, tu n'avais pas d'argent, un vieil oncle t'en a envoyé.

• *il*, *elle*, *ils* ou *elles*.

Avant, il n'avait pas d'argent, un vieil oncle lui en a envoyé.

C. Complétez puis retrouvez chaque phrase de mémoire.

1. À PROPOS DE PAPIERS D'IDENTITÉ

La police nous les a demandés et nous les lui avons présentés.

2. À PROPOS DE LA VOITURE DE BERNARD

Bernard me .... prête pour le week-end et je .... rends lundi matin.

3. À PROPOS DE LA COPIE D'UN ÉTUDIANT MALADE

Il va vous .... envoyer par la poste et je .... renverrez corrigée.

4. À PROPOS DE LA FACTURE DU GARAGISTE

Le garagiste me .... apportera à mon bureau et je .... paierai immédiatement.

5. À PROPOS D'UNE PERMISSION REFUSÉE

Ton fils te .... demande gentiment cette permission, pourquoi tu .... refuses ?

PRONOMS **5**

Recomposez les phrases.

IL DONNE LE ME	Il me le donne	IL NE PAS DONNE LE ME	Il ne me le donne pas
IL DONNÉ A ME L'		PAS IL NE ME A L' DONNÉ	
VEUT ME DONNER IL LE		DONNER LE PAS ME NE VEUT IL	
LE DONNE MOI		PAS ME DONNE NE LE	
IL DONNE LUI LE	Il le lui donne	PAS LUI NE LE IL DONNE	
IL DONNÉ A LUI LE		PAS NE LUI IL A LE DONNÉ	
IL LUI VEUT LE DONNER		PAS IL VEUT LE NE LUI DONNER	
LUI LE DONNE		PAS LUI DONNE NE LE	

PRONOMS 5

Pronoms possessifs : observation/entraînement

A. Écoutez et soulignez les pronoms possessifs.

1. Ma voiture est en panne, tu pourrais me prêter la tienne ?

2. Mes skis ne me conviennent pas, je pourrais essayer les tiens ?

3. Voilà les photos que j'ai prises ; j'aimerais bien voir les tiennes.

4. Tu connais mon point de vue, j'aimerais bien connaître le tien.

B. Complétez.

UN ENVIEUX

A. – Ton appartement est plus grand que . . . .

B. – Peut-être un peu.

A. – Ta voiture est plus rapide que . . . .

B. – Je ne sais pas, c'est possible.

A. – Mes parents sont plus vieux que . . . .

B. – Pas tellement !

A. – Tu as des vacances plus longues que . . . .

B. – Cette année exceptionnellement, oui.

A. – Mon travail est beaucoup moins intéressant que . . . .

B. – Tu trouves ?

A. – Je crois que j'ai un caractère moins heureux que . . . .

B. – Tu crois ? ! Vraiment ?

« CHACUN POUR SOI, ET DIEU POUR TOUS ! »

1. Tout le monde a ses problèmes, vous avez . . . . , j'ai . . . . ,
chacun a . . . .

2. Il a sa façon de voir les choses, nous avons . . . . et vous la . . . .

3. J'ai mes habitudes et ma femme a . . . . . .

4. Chacun paie son voyage, nous avons . . . .

6. Il vit avec ses enfants mais il mène sa vie et eux . . . .

7. Elle ne sait rien de ma vie et je ne sais rien de . . . .

C. Complétez le tableau des pronoms possessifs.

	SINGULIER		PLURIEL	
	Masculin	Féminin	Masculin	Féminin
à moi	le mien			
à toi	le tien	la tienne	les tiens	les tiennes
à lui/ à elle	le sien			
à nous	le nôtre			
à vous	le vôtre			
à eux/ elles	le leur			

178

A. Écoutez, soulignez les pronoms démonstratifs.

DE QUOI PARLENT-ILS ?

1. « Lequel choisissez-vous ?

    – <u>Celui-ci</u>, avec la plume en or, il écrit bien. »

d'un stylo

2. « Vous voulez essayer les noires ?

    – Non, je préfère celles-ci, les bleues. »

3. « Comme d'habitude ?

    – Oui, une boîte de Schimmelpennig.

    – Vous ne voulez pas essayer ceux-ci ?

    – Ils sont un peu chers pour moi les "Havane". »

4. « Lequel me conseillez-vous ?

    – Celui-là, il est intéressant comme prix et il fait

d'excellentes photos. »

5. « Vous voudriez visiter celle-ci ?

    – Non, celle-là, la grande avec un petit jardin. »

6. « Laquelle tu préfères ?

    – Celle en toile, elle est plus légère.

    – Oui, mais celle-ci est plus rigide, pour l'avion c'est mieux !

    – Oui, tu as raison. Bon ! je prends celle-ci, Mademoiselle ! »

« Lequel ?	« Laquelle ?	« Lesquels ?	« Lesquelles ?
– Celui-ci, celui-là.	– Celle-ci, celle-là	– Ceux-ci, ceux-là.	– Celles-ci, celles-là.
– Celui en…	– Celle en…	– Ceux en…	– Celles en…
– Le grand. »	– La grande. »	– Les grands. »	– Les grandes. »

B. Complétez oralement puis écrivez le pronom.

ON PEUT PRÉFÉRER

- son travail à …… de son père ou de sa mère   *celui*
- sa nourriture à …… d'autres pays   *celle*
- son sort à …… des éléphants   ……………………………
- sa femme à …… de son voisin   ……………………………
- ses propres tableaux à …… de Picasso   ……………………………
- sa façon de s'habiller à …… de ses parents   ……………………………
- l'immeuble où on habite à …… d'en face   ……………………………
- ses vins à …… des Français   ……………………………
- son humour à …… d'autres peuples   ……………………………
- ses intérêts à …… de son entourage   ……………………………

PRONOMS 5

179

La qualification
La caractérisation

Portrait robot n° 1
L'ANDROÏDE

Œil artificiel
Voix artificielle
Cœur artificiel
Bras artificiel
Rein artificiel
Jambe artificielle
Port artificiel
Intelligence artificielle

Michèle Metail, 23 *portraits robots*,
La bibliothèque européenne, Ramsay

Notez les adjectifs et les adverbes dans le tableau.   adverbes 186

Bonjour! Bonsoir! Bonne matinée!

BON APRÈS-MIDI! BONNE JOURNÉE!

Passe une bonne journée!

BONNE SOIRÉE! AMUSEZ-VOUS BIEN!

Bonne nuit! Dors bien! Fais de beaux rêves!

JOYEUSES FÊTES! BON NOËL!

Joyeux Noël! Et bonne année!

JE VOUS SOUHAITE UNE BONNE ANNÉE!

Bon anniversaire!

JOYEUX ANNIVERSAIRE!

Bonne traversée!

BONNE ROUTE ET BONNES VACANCES!

Passez de bonnes vacances! Et faites un bon voyage!

BON RÉTABLISSEMENT! SOIGNE-TOI BIEN!

Repose-toi bien!

BON APPÉTIT!

Bon courage!

TRAVAILLEZ BIEN ET TRANQUILLEMENT!

Bonne chance!

QUALIFICATION **6**

Adjectifs	Adverbes

181

Marque du genre : discrimination

A. Écoutez. Le féminin et le masculin de l'adjectif sont-ils différents(≠) ou semblables (=) phonétiquement?

Il est		elle est	Il est		elle est
japonais	=	japonaise	européen	☐	européenne
russe	≠	russe	argentin	☐	argentine
chinois	☐	chinoise	espagnol	☐	espagnole
canadien	☐	canadienne	suisse	☐	suisse
belge	☐	belge	africain	☐	africaine
allemand	☐	allemande	vietnamien	☐	vietnamienne

B. Écoutez, notez si la prononciation de l'adjectif est identique ou différente. Observez les différences d'orthographe puis relisez les phrases.

Il est		Elle est	Elle est		Il est
jeune	=	jeune	timide	☐	timide
grand	≠	grande	craintive	☐	craintif
sportif	☐	sportive	calme	☐	calme
dynamique	☐	dynamique	douce	☐	doux
gentil	☐	gentille	belle	☐	beau
			célibataire	☐	célibataire

C. Écoutez et complétez.

Elle est dominatrice, autoritaire, active, têtue, cultivée.

Il est . . . .

Elle est patiente, discrète, créative, originale, spirituelle

Il est . . . .

Il est amical, bavard, passionné, fatigant

Elle est . . . .

6 QUALIFICATION

182

Marque du genre et du nombre : tableau

TYPE 1 : Même prononciation et même orthographe au masculin et au féminin		
Masculin	Féminin	
facile	facile	riche, stupide

TYPE 2 : Même prononciation et orthographe différente		
Masculin	Féminin	
noir	noire	supérieur
vrai	vraie	passionné, flou, joli
original	originale	banal, fatal
artificiel	artificielle	naturel
grec	grecque	turc

TYPE 3 : Prononciation et orthographe différente		
Masculin	Féminin	
vert	verte	violent, charmant...
froid	froide	gourmand, grand...
bas	basse	doux, roux...
français	française	heureux, chanceux...
long	longue	
frais	fraîche	sec/sèche.
dernier	dernière	premier, entier...
bon	bonne	breton, mignon...
catalan	catalane	paysan, persan...
argentin	argentine	fin, citadin...
mexicain	mexicaine	africain, cubain...
coréen	coréenne	vietnamien, ancien...
brun	brune	
vif	vive	actif, positif, sportif...
dominateur	dominatrice	formateur, conservateur...
flatteur	flatteuse	rêveur, travailleur...
Attention !		
vieux	vieille	
beau	belle	
nouveau	nouvelle	
fou	folle	

Marques orthographiques du pluriel

- Rajoutez un s pour la quasi-totalité des adjectif : faciles, verts, vifs, bruns, originales...

- Rajoutez un x à beau et nouveau : beaux, nouveaux

- Ne rajoutez rien aux adjectifs terminés par x ou s : doux, vieux, français, frais...

- Transformez al en aux : original/originaux, amical/amicaux, brutal/brutaux...

A. Formez les adjectif à partir des verbes ;
faites l'accord avec le sujet.

- Choquer   *Ça ne les choque pas, **ils** ne sont pas choqué**s**.*
- Intéresser   *Ça l'intéresse, **elle** est intéressé**e**.*
1. Attirer   Ça ne l'attire pas, elle . . . .
2. Révolter   Ça le révolte, il . . . .
3. Soulager   Ça les soulage, ils . . . .
4. Rassurer   Ça ne les rassure pas, elles . . . .
5. Démoraliser   Ça le démoralise, il . . . .
6. Favoriser   Ça les favorise, elles . . . .
7. Intimider   Ça ne l'intimide pas, elle . . . .
8. Valoriser   Ça le valorise, il . . . .

B. Même exercice.

- Étonner   *Ça m'étonne, c'est étonnant, je suis étonné(e).*
- Agacer   *Ça nous agace, c'est agaçant, nous sommes agacé(e)s.*
1. Désoler   Ça me . . . .
2. Décourager   Ça nous . . . .
3. Affliger   Ça m' . . . .
4. Effrayer   Ça m' . . . .
5. Apitoyer   Ça m' . . . .
6. Séduire   Ça me . . . .
7. Attendrir   Ça nous . . . .
8. Convaincre   Ça nous . . . .
9. Émouvoir   Ça me . . . .
10. Surprendre   Ça me . . . .

présent 4, 23, 28, 29, 35 ; participe passé 63

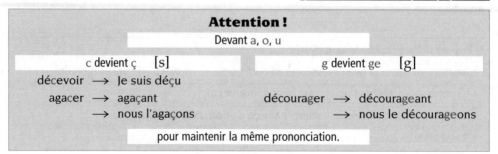

Attention !	
Devant a, o, u	
c devient ç [s]	g devient ge [g]
décevoir ⟶ Je suis déçu	
agacer ⟶ agaçant	décourager ⟶ décourageant
⟶ nous l'agaçons	⟶ nous le décourageons
pour maintenir la même prononciation.	

6 QUALIFICATION

Place des adjectifs : observation/échanges

A. Lisez, observez la place de l'adjectif.
Notez en face de chaque proposition son contraire.

« J'AIME, JE N'AIME PAS, JE DÉTESTE, J'ADORE... »

- les grosses voitures   *les petites voitures ou les voitures moyennes*
- les douches froides   *les douches chaudes ou* ....
- les gros problèmes   ....
- les jeunes chiens   ....
- les cheveux longs et raides   ....
- les carottes cuites   ....
- les grands discours   ....
- les mauvaises notes   ....
- les alcools doux   ....
- le lait chaud   ....
- les journées grises   ....
- les grands voyages   ....
- les petits cafés   ....
- les meubles anciens   ....
- l'eau gazeuse   ....
- la vie citadine   ....
- le beau temps   ....
- les saveurs sucrées   ....
- les bonnes affaires   ....
- le mauvais temps   ....
- les visages ronds   ....
- les gens grossiers   ....
- les vieux quartiers   ....

B. Exprimez vos goûts, vos préférences. Échangez.

Place de l'adjectif

• Dans la plupart des cas les adjectifs sont postposés :	• Quelques adjectifs très fréquents sont généralement antéposés :
•	• ....
•	• ....
•	• ....
•	• ....

C. Trouvez dans l'exercice A les adjectifs antéposés et complétez le tableau.

Adverbes : observation

A. Lisez.

adverbes de lieu 230 ; place de l'adverbe 73

LE TEMPS PASSE

Le temps passe lentement.
Le temps passe très lentement.
Le temps passe trop lentement.
Le temps passe beaucoup trop lentement.
Le temps passe de plus en plus lentement.

Le temps passe vite.
Le temps passe très vite
Le temps passe trop vite
Le temps passe beaucoup trop vite
Le temps passe de plus en plus vite

Le temps ne passe pas.
Le temps ne passe pas vite.
Le temps ne passe pas assez vite.
Le temps passe de moins en moins vite.

B. Soulignez les adjectifs et entourez les adverbes.

1. Je suis en bonne santé, je vais bien.
2. Il est en mauvaise santé, il va mal.
3. Sa voiture est rapide et il roule trop vite.
4. Il a une voix forte et il parle très fort.
5. Elle parle très doucement, elle a une voix douce.
6. Il gagne difficilement sa vie, sa vie n'est pas facile.
7. Les rues sont encombrées, on roule mal.
8. J'aime bien votre café, il est très bon.
9. Vous parlez vraiment très bien, votre accent est excellent ;
10. Je parle couramment français, bien anglais, un peu italien et très mal allemand.
11. On le voit fréquemment, il nous fait de fréquentes visites.
12. La grève est trop longue, elle dure trop longtemps.

L'information exprimée par le verbe peut être modifiée ou précisée par
un **adverbe** ou un **groupe adverbial** :

- **de manière :**
  il travaille vite, bien et avec enthousiasme.
- **de temps, de périodicité :**
  il travaille tôt le matin mais rarement.
- **de lieu :**
  il travaille n'importe où ; il voyage partout.
- **de cause :**
  il travaille par nécessité.
- **de quantité :**
  il travaille beaucoup, il boit trop.

Formation de l'adverbe de manière : observation

Observez et complétez.

Adjectif	Adverbe	Groupe adverbial Avec + substantif De façon, de manière + adjectif
FORMATION SUR LE FÉMININ		
Majorité des adjectifs		
Difficile	difficilement	avec difficulté
Efficace		de façon efficace, avec efficacité
Aimable		avec amabilité
Amical(e)	amicalement	d'une façon amicale
Naturel(le)		d'une manière naturelle
Froide/froid	froidement	avec froideur, de façon froide
Légère/léger		d'une manière légère, avec légèreté
Franche/franc		avec franchise
Amoureuse/amoureux		avec amour
Silencieuse/silencieux		en silence
Douce/doux		avec douceur
Molle/mou		avec mollesse
FORMATION SUR LE MASCULIN		
Adjectifs masculins terminés par une voyelle		
Passionné(e)	passionnément	avec passion
Modéré(e)		avec modération
Poli(e)		d'une façon polie
Vrai(e)		
Sauf :		
Gai/gaie	*gaiement*	
FORMATIONS PARTICULIÈRES		
Adjectifs en ...ent, ...ant		
Prudent	prudemment	avec prudence
Méchant	méchamment	avec méchanceté
Intelligent		avec intelligence
Fréquent		à rythme fréquent
Patient		avec patience
Bruyant		de façon bruyante
Puissant		avec puissance
Sauf :		
Lent/lente	*lentement*	
FORMATIONS PARTICULIÈRES		
Bref/brève	brièvement	
Gentil/gentille	gentiment	

QUALIFICATION 6

187

Adverbes de quantité : échanges

A. Est-ce vrai ou faux pour vous ?

Je lis beaucoup.
Je travaille peu.
Je ne fume pas du tout.
Je dors très peu.
Je me parfume beaucoup.
Je ne téléphone pas beaucoup.
Je voyage beaucoup.
Je ne souris pas beaucoup.
Je rêve énormément.
Je mange très peu.

Je parle beaucoup trop.
Je ne réfléchis pas assez.
Je dépense trop.
Je travaille trop peu.
Je n'agis pas assez.
Je m'inquiète beaucoup trop.
Je pèse trop lourd.
Je n'écoute pas assez les autres ;
Je ne vais pas assez au cinéma.
J'hésite trop avant de me décider.

B. Imaginez un personnage de votre choix faisant son autocritique.

. . . .
. . . .
. . . .
. . . .
. . . .
. . . .
. . . .
. . . .
. . . .
. . . .

C. Imaginez des reproches.

• de parents à enfants • de médecin à malade • de professeur à élève •
• d'homme politique à homme politique • de metteur en scène à acteur •
• de patron à secrétaire • de client à serveur •
ou vice versa.

• de policier à automobiliste   « Vous roulez trop vite. ».
• d'automobiliste à policier   « Vous criez trop fort »

. . . .
. . . .
. . . .
. . . .

A. Observez les différents moyens de caractériser.

• **Un restaurant**

Adjectifs	Groupes prépositionnels	Propositions relatives
chaleureux	sans prétention	où l'on fait des rencontres
calme	à la mode	où l'ambiance est détendue
chic	sans musique de fond	qui a une terrasse
simple	avec une belle vue	qui ferme tard
exotique	au service rapide	
animé	aux prix modérés	

B. Trouvez ce qui est caractérisé.

1. Un appartement

meublé ou vide	avec balcon	qu'on peut sous-louer
confortable	à loyer modéré	

2. ....

illustré	sans images	que l'on relit souvent
sérieux	d'art	
	de poche	
	pour enfants	
	d'occasion	

3. ....

longues ou courtes	d'été ou d'hiver	que l'on passe en famille
réussies ou ratées	à la campagne, à la mer	qui reposent ou fatiguent
scolaires	en groupe	
	de rêve	
	à l'étranger	

4. ....

puissante et rapide	d'occasion	qui consomme peu
confortable	de marque étrangère	qui freine mal
neuve	à pédales	
	à direction assistée	
	de location	

5. ....

blanche, rouge…	de mariée	que l'on remarque
courte ou longue	du soir	qui va bien
décolletée	d'avocat	qui va bien

QUALIFICATION **6**

Propositions relatives : échanges

À votre avis qu'est-ce qui est le plus fréquent ?

☐ Les femmes qui battent leurs maris ?

ou

☐ Les femmes que leurs maris battent ?

☐ Les gardiens de prison qui terrorisent les détenus ?

ou

☐ Les gardiens que les détenus terrorisent ?

☐ Les policiers qui injurient les automobilistes ?

ou

☐ Les automobilistes que les policiers injurient ?

☐ Les hommes qui effraient les femmes ?

ou

☐ Les hommes que les femmes effraient ?

☐ Les commerçants qui volent leurs clients ?

ou

☐ Les commerçants que leurs clients volent ?

☐ Les hommes politiques qui estiment leurs concitoyens ?

ou

☐ Les hommes politiques que leurs concitoyens estiment ?

☐ Les grands-parents qui aident financièrement leurs petits-enfants ?

ou

☐ Les grands-parents que leurs petits-enfants aident financièrement ?

☐ Les professeurs qui martyrisent les élèves ?

ou

☐ Les professeurs que les élèves martyrisent ?

☐ Les parents qui dérangent leurs enfants ?

ou

☐ Les parents que leurs enfants dérangent ?

☐ Les hommes qui quittent leur femme ?

ou

☐ Les hommes que leur femme quitte ?

☐ Les sœurs qui protègent leurs frères ?

ou

☐ Les sœurs que leurs frères protègent ?

Caractérisation : évaluation

Amplifiez en rajoutant des caractérisants :
adjectifs, groupes prépositionnels, propositions relatives,
adverbes ou *groupes adverbiaux.*

- **UN HOMME MARCHE DANS UNE RUE**
  « *Un jeune homme anglais qui n'a peur de rien marche sans se presser dans une petite rue sombre et déserte.* »
  « *Un homme ivre, très élégant, marche avec difficulté dans une grande rue éclairée pleine de monde.* »

1. **DEUX HOMMES SORTENT D'UNE VOITURE ET ENTRENT DANS UNE BANQUE.**

   ....
   ....
   ....
   ....
   ....

2. **DANS UN PARC, SUR UN BANC, UNE FEMME LIT UN JOURNAL.**

   ....
   ....
   ....
   ....
   ....

3. **DERRIÈRE LE RIDEAU D'UNE FENÊTRE D'UN IMMEUBLE, DEUX FEMMES OBSERVENT.**

   ....
   ....
   ....
   ....
   ....

4. **UNE FILLE APPELLE UN GARÇON QUI TRAVERSE UNE RUE.**

   ....
   ....
   ....
   ....
   ....

5. **UN VOYAGEUR CHERCHE UNE PLACE DANS UN COMPARTIMENT.**

   ....
   ....
   ....
   ....
   ....

QUALIFICATION **6**

Comparaison

J'aime mieux
Tes lèvres
Que mes livres.

J. Prévert, *Fatras*.

Superlatif : observation

Classez les phrases suivantes.

Dans votre classe

- Qui s'entraîne le plus ?
- Qui a commencé le plus tôt à faire du sport ?
- Qui a gagné le plus de compétitions sportives ?
- Qui est le plus passionné par le sport ?
- Qui connaît le mieux les règles du rugby ?
- Qui s'intéresse le moins au sport ?
- Qui va le moins souvent à la piscine ?
- Quel est le meilleur skieur ?
- Qui nage le mieux ?
- Qui fait le moins d'exercice physique ?
- Qui est monté le plus haut ?
- Qui a eu le moins d'accidents sportifs ?
- Qui a parcouru le plus de kilomètres à pied ?
- Qui pratique le plus de sports ?
- Lequel d'entre vous est le moins sportif ?

Nom
- *Qui a gagné le plus de compétitions sportives ?*
- ....
- ....
- ....

Verbe
- *Qui s'entraîne le plus ?*
- ....
- ....
- ....

Adjectif
- *Qui est le plus passionné par le sport ?*
- ....
- ....
- ....

Adverbe
- *Qui a commencé le plus tôt à faire du sport ?*
- ....
- ....
- ....

193

A. Lisez.

- Les Chinois sont plus nombreux que les Français.
- En général, les adultes ne dorment pas autant que les bébés.
- En moyenne les chiens vivent moins longtemps que les hommes.
- Il y a plus de gens intelligents que d'imbéciles.
- L'équateur est aussi loin du pôle Nord que du pôle Sud.
- Un kilo de plomb pèse aussi lourd qu'un kilo de plumes.
- Les femmes cuisinent mieux que les hommes.
- Les hommes pleurent moins que les femmes.
- On mange plus de riz en Asie qu'en Europe.
- Les chauves ont moins de cheveux que les chevelus.
- Les riches sont plus heureux que les pauvres.
- Les filles parlent plus que les garçons.

B. Classez ces phrases.

NOM

- *Il y a plus de gens intelligents que d'imbéciles.*
- . . . .
- . . . .

VERBE

- *Les adultes ne dorment pas autant que les bébés.*
- . . . .
- . . . .

ADJECTIF

- *Les Chinois sont plus nombreux que les Français.*
- . . . .
- . . . .

ADVERBE

- *Les Chiens vivent moins longtemps ques les hommes.*
- . . . .
- . . . .

C. Ces affirmations sont-elles contestables ou incontestables ? Échangez.
Proposez d'autres affirmations à la discussion.

COMPARAISON

7

Comparatif, superlatif : tableau

	COMPARATIF	SUPERLATIF
La comparaison porte sur :	Comparaison de deux éléments ou ensembles	Sélection d'un élément dans un ensemble

LE NOM	Qui mange
	    plus de gâteaux
	    moins de gâteaux
	    autant de gâteaux
	que moi ?
		Qui a
		    le plus d'appétit ?
		    le moins d'appétit ?
		
		que moi ?

LE VERBE	Qui mange
	    plus/davantage
	    moins
	    autant
	que moi ?
		Qui mange
		    le plus ?
		    le moins ?
		
		que moi ?

L'ADJECTIF	Qui est
	    plus gourmand
	    moins gourmand
	    aussi gourmand
	que moi ?
		Qui est
		    le plus gourmand ?
		    le moins gourmand ?
		
		que moi ?

L'ADVERBE	Qui mange
	    plus vite
	    moins vite
	    aussi vite
	que moi ?
		Qui mange
		    le plus vite ?
		    le moins vite ?
		
		que moi ?

Remarques

- Comparatif et superlatif de l'adjectif bon = meilleur :

  Il est meilleur que moi en anglais mais il est moins bon que moi en espagnol.
  C'est le meilleur élève de la classe d'anglais.

- Comparatif et superlatif de l'adverbe bien = mieux :

  Il parle mieux anglais que moi mais il parle moins bien espagnol.
  C'est lui qui parle le mieux anglais.

- (le) pire = (le) plus mauvais **ou** (le) plus mal :

  Mon accent en anglais est pire que le tien !
  La vie ici est encore pire qu'ailleurs.
  « L'homme est le pire ennemi de l'homme. »

Formulez des phrases complètes avec (*pas*) *aussi* ou (*pas*) *autant* selon votre opinion.

- **Il y a / propriétaires de chiens / propriétaires de chats**
  Il n'y a pas autant de propriétaires de chiens que de propriétaires de chats.
  Il y a autant de propriétaires de chiens que de propriétaires de chats.

1. **femmes / hommes / fumer**
   Les femmes fument autant que les hommes.

2. **chimie / physique / difficile**
   ....

3. **œuf de poule / œuf d'autruche / lourd**
   ....

4. **dire bonjour / dire bonsoir / fréquemment**
   ....

5. **alcool / drogue / néfaste**
   ....

6. **retraités / actifs / voyager**
   ....

7. **lève-tôt / lève-tard / il y a**
   ....

8. **gris / noir / triste**
   ....

9. **garçons / filles / il naît**
   ....

10. **enfants / adultes / regarder la télévision**
    ....

11. **jours de soleil / jours de pluie / il y a**
    ....

7 COMPARAISON

Comme : créativité

Notez dans ce tableau les images comparatives utilisées fréquemment dans votre langue et en français.
Imaginez d'autres expressions imagées.

	En français	Dans votre langue	Autres images à créer
Manger	comme un ogre comme quatre (= beaucoup) comme un cochon (= salement)		
Dormir			
Boire			
Travailler			
Fumer			
Courir			
Joli			
Sérieux			
Léger			
Beau			
Sage			
Rapide			
Aimable			
Droit			
Ennuyeux			

COMPARAISON 7

197

Posez des questions avec les éléments proposés
comme dans les exemples puis échangez.

- **DANGER D'UNE DROGUE**
  Quelle est selon vous la drogue la plus dangereuse ?
- **EXCELLENCE D'UN SPORT**
  Quel est à votre avis le meilleur sport ?
- **DÉSAGRÉMENT D'UN BRUIT**
  Quel est pour vous le bruit le plus désagréable ?

1. **MUSICALITÉ D'UNE LANGUE**

   . . . .

   . . . .

2. **FIDÉLITÉ D'UN ANIMAL**

   . . . .

   . . . .

3. **ATTRACTION D'UN PAYS**

   . . . .

   . . . .

4. **DÉSAGRÉMENT D'UNE ODEUR**

   . . . .

   . . . .

5. **AGRÉMENT D'UNE SAVEUR**

   . . . .

   . . . .

6. **TRISTESSE D'UNE COULEUR**

   . . . .

   . . . .

7. **CHARME D'UNE SAISON**

   . . . .

   . . . .

8. **AGACEMENT CAUSÉ PAR UN DÉFAUT**

   . . . .

   . . . .

9. **PRESTIGE D'UNE PROFESSION**

   . . . .

   . . . .

10. **IMPORTANCE D'UNE DÉCOUVERTE SCIENTIFIQUE**

    . . . .

    . . . .

7 COMPARAISON

A. Lisez.

1. Quelle est la personne la plus jeune de votre groupe d'étudiants ?
2. Quelle est celle qui a le plus de frères et sœurs ?
3. Quelle est celle qui connaît le plus de pays étrangers ?
4. Quelle est celle qui chante le mieux ?
5. Quelle est celle qui est descendue le plus bas sous terre ?
6. Quelle est celle qui s'est endormie le plus tard hier soir ?
7. Quelle est celle qui s'est levée le plus tôt ce matin ?
8. Quelle est celle qui parle le plus de langues ?
9. Quelle est celle qui aime le moins le chocolat ?
10. Quelle est celle qui a l'accent le plus « français » ?
11. Quelle est celle qui a parcouru à pied le plus de kilomètres ?
12. Quelle est celle qui a le moins ou le plus besoin de sommeil ?
13. Quelle est celle qui a les plus petits pieds ?
14. Quelle est celle qui cuisine le mieux ?
15. Quelle est celle qui a le moins envie de travailler aujourd'hui ?
16. Quelle est celle qui prononce le mieux le mot :
    « A N T I C O N S T I T U T I O N N E L L E M E N T » ?
17. Quelle est celle qui mange le plus de bonbons ?
18. Quelle est celle qui a le plus peur en avion ?
19. Quelle est celle qui aime le plus les fêtes ?

COMPARAISON **7**

B. Décernez des prix.

• C'est X
qui prononce le mieux
le mot
ANTICONSTITUTIONNELLEMENT
et nous lui décernons

le prix du
meilleur accent.

Il reçoit un dictionnaire
de langue française.

• C'est X
qui mange
le plus de bonbons.

IL REÇOIT

**LE PRIX DE LA
GOURMANDISE**

et une consultation
gratuite chez le meilleur
dentiste de la ville.

• X
est le plus grand amateur
de fêtes du groupe,
nous lui attribuons

« Le Prix Carnaval ».

Il gagne une bouteille
de champagne !

BRAVO !

A. Lisez les phrases suivantes.
Soulignez les formules de comparaison.

1. En moyenne les Français sont plus grands que les Françaises.
2. Les hommes des différentes classes socio-professionnelles ont en moyenne la même taille.
3. Les parents sont en moyenne moins grands que leurs enfants.
4. Les gens en vieillissant deviennent plus lourds.
5. Les hommes dépensent autant que les femmes pour leur habillement.
6. Les Français consomment autant de pain qu'en 1920.
7. Les Français boivent moins de vin qu'il y a vingt ans.
8. Pour cuisiner, on utilise plus de beurre au sud qu'au nord de la France.
9. L'âge de l'adolescence est plus tardif maintenant qu'au début du siècle.
10. Les cafés sont plus nombreux qu'avant en France.
11. Les femmes ont en moyenne un salaire moins élevé que les hommes.
12. Les garçons lisent plus de BD que les filles.
13. Les Français sont les plus grands consommateurs de médicaments en Europe.
14. Les Français sont les plus gros acheteurs de pantoufles d'Europe.

B. Ces affirmations sont-elles à votre avis vraies ou fausses ?
Échangez, puis écoutez et écrivez les commentaires enregistrés.

1 : Vrai ! Les Français mesurent en moyenne 8 cm de plus : en 1995, la taille moyenne des hommes est en effet de 1,70 m et celle des Françaises de 1,62 m.

....
....
....
....
....
....
....
....
....

COMPARAISON

7

Comparatif : évaluation

A. Formulez des comparaisons sur les points suivants.

1. **TAILLE MOYENNE DE LA POPULATION MAINTENANT ET IL Y A CENT ANS.**

   Les gens sont plus grands maintenant qu'il y a cent ans. La taille moyenne est plus élevée qu'il y a cent ans. Les hommes grandissent.

2. **NOMBRE DE VILLES MAINTENANT ET AU DÉBUT DU SIÈCLE.**

   . . . .

   . . . .

3. **DURÉE DE VIE POUR LES HOMMES ET LES FEMMES.**

   . . . .

   . . . .

4. **DURÉE DE VIE DES DIFFÉRENTES CATÉGORIES SOCIO-PROFESSIONNELLES.**

   . . . .

   . . . .

5. **SALAIRE MOYEN DES HOMMES ET DES FEMMES.**

   . . . .

   . . . .

6. **DROITS DES HOMMES ET DES FEMMES EN FRANCE DANS LE DOMAINE DU TRAVAIL.**

   . . . .

   . . . .

7. **NOMBRE MOYEN D'ENFANTS PAR FEMME DANS VOTRE PAYS ET EN FRANCE.**

   . . . .

   . . . .

8. **ÉTENDUE DES OCÉANS MAINTENANT ET IL Y A DEUX MILLE ANS.**

   . . . .

   . . . .

9. **DURÉE DE LA SCOLARITÉ OBLIGATOIRE DANS VOTRE PAYS ET EN FRANCE.**

   . . . .

   . . . .

10. **CHANT DU COQ MAINTENANT ET IL Y A CINQUANTE ANS.**

    . . . .

    . . . .

Interrogation

© Jacques Faizant

Que faire ? : observation

A. Que faire ?

PARTIR

Oui ? Non ? Si ?

Où ?   *À quel endroit ? Dans quel pays ? Dans quelle région ?*

Quand ?   *À quelle saison ? Quel jour ? À quelle heure ?*

Combien de temps ?   *Combien de jours ? de semaines ? de mois d'années ?*

Jusqu'à quand ?   *Jusqu'à quelle date ?*

Comment ?   *Par quels moyens ? (en train, en avion…)*

Comment ?   *En pleurant. En chantant ?*

Avec qui ?   *Seul ? Avec d'autres ? Avec combien de personnes ?*

Chez qui ?   *Chez des amis ?*

Avec quoi ?   *Avec quels bagages ? quels vêtements ?*

Pourquoi ?   *Pour quelles raisons ?*

Pour quoi faire ?   *Dans quel but ? Avec quelles intentions ?*

ATTENDRE

Qui ou quoi ? ....

À quel endroit ? ....

Combien de temps ? ....

Pourquoi ? ....

ÉCRIRE

Quoi ? ....

À qui ? ....

En quelle langue ? ....

ACHETER

Quoi ? ....

Pour quoi faire ? ....

À quel prix ? ....

PRENDRE UNE PHOTO

De qui ? ....

De quoi ? ....

Sous quel angle ? ....

Pour quelles raisons ? ....

REGARDER LA TÉLÉVISION

Quelle émission ? ....

Sur quelle chaîne ? ....

À quelle heure ? ....

B. Continuez avec d'autres verbes.

INTERROGATION

8

A. Écoutez et observez les structures interrogatives.

- Qui est cet homme ?
- Comment s'appelle-t-il ?
- Quel âge a-t-il ?
- Avec qui est-il ?
- Est-il triste ? fatigué ? rêveur ? mélancolique ? désespéré ?
- Vit-il dans ce village ?
- Habite-t-il une de ces maisons ?
- Où se trouve ce village ?
- Quel temps fait-il ? En quelle saison cela se passe-t-il ?
- Cet homme vient-il d'ailleurs ? D'où vient-il ?
- Que fait-il là ? Attend-il quelque chose ? quelqu'un ? Cherche-t-il quelque chose ? quelqu'un ?
- Vient-il de voir quelque chose ou quelqu'un ?
- À quoi pense-t-il ?
- Pourquoi est-il là ?
- Depuis combien de temps est-il là ?
- Que va-t-il faire ?
- Va-t-il se passer quelque chose ? Que va-t-il se passer ?

B. Notez les liaisons :

Vient-il ? Est-il ? Attend-il ?

Entourez les **-t-** (**t** euphoniques) :

Comment s'appelle-t-il ?

Après quels verbes les trouve-t-on ?

Syntaxe : tableau

INTERROGATION DIRECTE

• Questions totales	
Formulation plus formelle	Formulations plus familières
Prenez-vous des vacances?	(Est-ce que) vous prenez des vacances?
Votre société ferme-t-elle?	(Est-ce que) votre société ferme?

• Questions partielles		
Formulation plus formelle	Formulations plus familières	
Que décidez-vous?	Qu'est-ce que vous décidez?	Vous décidez quoi?
Où allez-vous?	Où (est-ce que) vous allez?	Vous allez où?
Quand partez-vous?	Quand (est-ce que) vous partez?	Vous partez quand?
Comment voyagez-vous?	Comment (est-ce que) vous voyagez?	Vous voyagez comment?
Avec qui partez-vous?	Avec qui (est-ce que) vous partez?	Vous partez avec qui?
Combien de temps restez-vous?	Combien de temps (est-ce que) vous restez?	Vous restez combien de temps?

INTERROGATION INDIRECTE

Savez-vous…	*si* votre société ferme.
J'aimerais savoir…	*si* vous prenez des vacances.
Dites-moi…	*ce que* vous décidez.
Pouvez-vous me dire…	*où* vous allez.
Je me demande…	*quand* vous partez.
Je ne sais pas…	*comment* vous voyagez. *avec qui* vous partez. *combien de temps* vous restez.

Formulez les questions avec inversion du sujet au passé composé.

1. Prenez-vous des vacances?   *Avez-vous pris des vacances?*

2. Votre société ferme-t-elle?   *Votre société a-t-elle fermé?*

3. Que décidez-vous?   . . . .

4. Où allez-vous?   . . . .

5. Quand partez-vous?   . . . .

6. Comment voyagez-vous?   . . . .

7. Avec qui partez-vous?   . . . .

8. Combien de temps restez-vous?   . . . .

A. Observez.

• Question affirmative	• Question négative
Réponse : – Oui / Non, …	Réponse : – Si, / Non, …

« Vous parlez français ?
  – Oui, je parle français.
  – Non, je ne parle pas français. »
	« Vous ne parlez pas français ?
	  – Si, je parle français.
	 –Non, je ne parle pas français.

« Vous êtes étudiant à Genève ?
  – Oui, à Genève.
  – Non, à Lausanne. »
	« Vous n'êtes pas étudiant à Genève ?
	  – Si, je suis étudiant à Genève.
	  – Non, à Lausanne. »

B. Répondez personnellement.

1. Vous êtes célibataire ?

– . . . .

2. Vous n'avez pas de frères et
sœurs ?

– . . . .

3. Vous étudiez le français en France ?
– . . . .

4. Vous ne parlez pas anglais ?
– . . . .

5. Vous aimez lire ?
– . . . .

6. Vous ne faites pas de sport ?
– . . . .

7. Vous n'habitez pas au centre ville ?
– . . . .

8. Vous avez une voiture ?
– . . . .

9. Vous comprenez l'espagnol ?
– . . . .

C. Formulez les questions.

1. . . . . ?
– Si, il est marié.

2. . . . . ?
– Oui, elle travaille chez son père.

3. . . . . ?
– Non, il est italien.

4. . . . . ?
– Si, elle fume.

5. . . . . ?
– Non, nous ne comprenons pas.

6. . . . . ?
– Si, c'est lui, le directeur.

A. Formulez les questions comme dans les exemples puis échangez. Corrigez les clichés.

1. **ITALIENS**   parler avec les mains
   Tous les Italiens parlent-ils avec les mains ?

2. **ANGLAIS**   prendre le thé à 5 heures
   Tous les Anglais prennent-ils le thé à 5 heures ?

3. **ESPAGNOLS**   jouer de la guitare
   .... ?

4. **SUISSES**   être ponctuels
   .... ?

5. **MEXICAINS**   dormir devant leur porte sous un grand chapeau
   .... ?

6. **ALLEMANDS**   être organisés et disciplinés
   .... ?

7. **IRLANDAIS**   boire de la bière et manger des pommes de terre
   .... ?

8. **BRÉSILIENS**   danser la samba et aimer le football
   .... ?

9. **JAPONAIS**   se baigner en famille
   .... ?

10. **SUÉDOISES**   être grandes, belles, blondes.
    .... ?

11. **HOLLANDAIS**   rouler en bicyclette et avoir le sens du commerce
    .... ?

INTERROGATION 8

B. Reformulez oralement ces questions avec : ***est-ce que***.

Est-ce que tous les Italiens parlent avec les mains ?

C. Vous pouvez reformuler ces questions de façon indirecte.

- *Je me demande si* tous les Italiens parlent avec les mains.
- *Je ne sais pas si…*
- *Je voudrais savoir si…*
- *Savez-vous si…*
- *Pouvez-vous me dire si…*

Qui? Que? : observation/entraînement

A. Observez.

Qui?	Que? quoi? Ce que...

• Vous cherchez quelqu'un ?
• Qui (est-ce que) cherchez-vous ?
  Vous cherchez qui ?
• Je voudrais savoir qui vous cherchez
	• Vous cherchez quelque chose ?
	• Que cherchez-vous ? Qu'est-ce que vous cherchez ?
	  Vous cherchez quoi ?
	• Je ne sais pas ce que vous cherchez.

• Vous voulez voir quelqu'un ?
• Qui (est-ce qui) voulez-vous voir ?
  Vous voulez voir qui ?
• Je vous demande qui vous voulez voir.
	• Vous voulez boire quelque chose ?
	• Que voulez-vous boire ? Qu'est-ce que vous voulez boire ?
	  Vous voulez boire quoi ?
	• Je vous demande ce que vous voulez boire.

B. Complétez comme dans les exemples avec *qui* ou *que*.

1. Vous cherchez quelque chose ?   *Que cherchez-vous ?*
2. Vous voyez quelque chose ? ....
3. Vous fuyez quelqu'un ? ....
4. Vous regrettez quelqu'un ? ....
5. Vous comprenez quelque chose ? ....
6. Vous voulez dire quelque chose ? ....
7. Vous devez payer quelqu'un ? ....
8. Vous voulez faire quelque chose ? ....
9. Vous aimez quelqu'un ? ....
10. Vous appelez quelqu'un ? ....

C. Reformulez comme dans les exemples
en allant du plus formel au moins formel.

PLUS FORMEL	PLUS FAMILIER	
1. Que cherchez-vous ?	Qu'est-ce que vous cherchez ?	Vous cherchez quoi ?
2. Que bois-tu ?		
3. Que fait-on ce soir ?		
4. Que veulent-ils ?	Qui est-ce que tu attends ?	Tu attends qui ?
5. Qui attends-tu ?		
6. Qui veux-tu inviter ?		
7. Qui connaissez-vous ?		

Quel, quelle… : entraînement

Formulez des questions avec « quel… » comme dans l'exemple.

1. PIERRE

Quelle est la nationalité de Pierre ?	*Pierre est américain.*
Quelles langues parle-t-il ?	*Il parle anglais et allemand.*
Quelle langue comprend-il ?	*Il comprend l'italien.*
Dans quel pays vit-il ?	*Il vit en Allemagne.*

2. MARIA

....	Maria vit en France.
....	Elle vient d'Espagne.
....	De Barcelone.
....	Elle a 20 ans.
....	Elle est avocate.

3. JACQUES

....	Jacques adore les films policiers.
....	Il va au cinéma le vendredi
....	À la séance de 20 heures.

4. CHRISTIAN

....	Christian fait du football.
....	Il joue dans l'équipe de son université.
....	Il a un excellent niveau.

5. ARLETTE

....	Arlette se présente aux élections municipales.
....	Contre le candidat R.P.R.
....	Elle n'a aucune chance d'être élue.
....	Elle est écologiste.

INTERROGATION 8

A. Lisez et observez.

– Sa fille se marie.	– Sa fille se marie.
– Quelle fille?	– Laquelle?
– La plus jeune.	– La plus jeune.
– Avec qui?	– Avec qui?
– Avec un fils Rocher.	– Avec un fils Rocher.
– Quel fils?	– Lequel?
– Le plus vieux!	– Le plus vieux!

	Masculin	Féminin	Masculin	Féminin
Singulier	quel...?	quelle...?	lequel?	laquelle?
Pluriel	quels...	quelles...?	lesquels?	lesquelles?

B. Complétez les dialogues avec les formes qui conviennent. Puis écoutez et vérifiez vos réponses.

BONNE VOLONTÉ

– Tu peux m'aider à mettre le couvert?
– Volontiers! Je mets une nappe?
– Oui.
– .... ?
– La jaune, elle est dans l'armoire.
– Dans .... armoire?
– Dans l'armoire de ma chambre.
– Je mets .... assiettes?
– Les blanches.
– Et comme verres? je mets
  .... ?
– Les verres à pied.
– Les petits ou les grands?
– Les deux.
– Où sont les couverts?
– Dans le tiroir de la table.
– De .... table?
– De la table de la cuisine.
– Voilà j'ai fini.
– Merci infiniment.

CURIOSITÉ

– .... jour tu pars?
– Mardi.
– Seule?
– Non, avec une amie.
– .... amie?
– Tu ne la connais pas.
– Tu emmènes les tableaux?
– Oui.
– .... ?
– Les portraits.
– Tu as rendez-vous dans une galerie?
– Oui.
– .... galerie?
– Tu ne la connais pas.
– Encore une question.
– .... question?
– Tu n'aimes pas les questions?
– Devine!

A. Lisez le dialogue à deux
puis reprenez-le avec une formulation plus familière.

– Comment est-il ?	– Il est comment ?
– Il est grand et maigre.	– Il est grand et maigre.
– Comment s'habille-t-il ?	– Il ....
– Toujours en noir.	– Toujours en noir.
– Comment se déplace-t-il ?	– Il ....
– À moto, généralement.	– À moto, généralement.
–Comment s'exprime-t-il ?	–Il ....
–De façon très courtoise.	– De façon très courtoise.
–Comment vit-il ?	– Il ....
–De façon simple.	– Il vit de façon simple.

B. Formulez des questions puis proposez quelques réponses.

■ SE DÉPLACER \ **les gens**
- *Comment les gens se déplacent-ils ? De quelle manière les gens se déplacent-ils ?*
- *À pied, en voiture, en avion, à vélo…*

■ DISCUTER DE POLITIQUE \ **vos compatriotes**
- *De quelle manière vos compatriotes discutent-ils de politique ?*
- *De façon courtoise, poliment, avec passion, brutalement, avec rudesse…*

■ SE FAIRE COMPRENDRE \ **les bébés**
- *Comment les bébés se font-ils comprendre ?*
- *En pleurant, en souriant, en criant…*

1. AVOIR DE L'ARGENT DE POCHE \ **les jeunes**
- ....
- ....

2. DORMIR \ **les gens**
- ....
- ....

3. RÉSOUDRE LEURS PROBLÈMES \ **les gens**
- ....
- ....

4. INVENTER \ **inventeurs**
- ....
- ....

5. GOUVERNER \ **chefs d'État**
- ....
- ....

INTERROGATION **8**

211

Combien ? : entraînement

A. Complétez.

CHEZ LE MÉDECIN

LE MÉDECIN. – Combien mesurez-vous ?

LE PATIENT. – 1,78 m.

LE PATIENT. – 60 kg.

LE MÉDECIN. – Vous fumez beaucoup ?

LE PATIENT. – Oui.

LE MÉDECIN. – .... ?

LE PATIENT. – Deux.

LE MÉDECIN. – ....par nuit ?

LE PATIENT. – Cinq ou six heures.

LE MÉDECIN. – Bon, vous allez prendre ces pilules.

LE PATIENT. – .... ?

LE MÉDECIN. – Trois fois par jour, à l'heure des repas.

LE PATIENT. – .... ?

LE MÉDECIN. – Pendant un mois, puis vous reviendrez me voir.

B. Formulez des questions avec combien.

combien de 170

QUESTIONS À UN EMPLOYÉ D'UNE COMPAGNIE D'AVIATION

1. Nombre de vols par jour
   – *Combien de vols par jour y a-t-il ?*

2. Durée du vol
   – .... ?

3. Nombre de places dans l'avion
   – .... ?

4. Nombre d'escales
   – .... ?

5. Nombre de repas servis
   – .... ?

6. Durée des escales
   – .... ?

7. Nombre d'hôtesses
   – .... ?

8. Nombre de personnes sur la liste d'attente
   – .... ?

9. Prix du voyage
   – .... ?

10. Nombre d'issues de secours dans l'avion
    – .... ?

Lisez. Formulez les questions par écrit dans un registre formel
puis reprenez les questions et les réponses sous forme de dialogue
dans un registre plus familier.

1. *Où va-t-on?*   On va au cinéma.
   Où a-t-on rendez-vous?   On a rendez-vous devant le cinéma.

2. ....   Il revient de chez son amie
....   et il va à la Fac.

3. ....   Elle est de Nice
....   et elle habite à Marseille.

4. ....   Le bus part de la gare
....   puis il passe par le centre ville.

5. ....   On prend l'avion à Bruxelles
....   et on fait escale à Madrid.

6. ....   La manifestation se forme devant la gare
....   elle passe devant la préfecture
....   et se disperse devant la mairie.

Lisez ce texte silencieusement puis à haute voix.

Pourquoi ? Mais enfin pourquoi ? Pourquoi ne pouvez-vous jamais éteindre la lumière ou fermer une porte quand vous quittez une pièce ?

Pourquoi ne remettez-vous jamais un dictionnaire ou un annuaire à leur place après les avoir consultés ? Pourquoi faites-vous disparaître régulièrement les crayons, pointes Bic et blocs de papier que nous plaçons à côté du téléphone ou dans la cuisine pour y noter les messages à ne pas oublier, la liste des choses à acheter ?

Pourquoi ne remplacez-vous jamais un rouleau de papier terminé sans vous soucier du prochain occupant ?

Pourquoi jetez-vous vos blousons et vos manteaux sur les meubles au lieu de les accrocher au porte-manteau ?

Pourquoi laissez-vous vos vêtements à même le sol en vous déshabillant [...] ?

Pourquoi perdez-vous NOS lunettes de soleil ou NOS gants de ski sans même prendre la peine de nous prévenir, si bien que nous nous apercevons de ce qui NOUS manque au moment où nous en avons l'usage ?

Pourquoi votre carte d'identité et votre passeport disparaissent-ils régulièrement, suivis du livret de famille que l'on vous confie pour les faire refaire ? [...]

Pourquoi oubliez-vous la clef de la porte d'entrée quand vous rentrez à deux heures du matin et que nous sommes obligés d'aller vous ouvrir au beau milieu de notre sommeil. Ce n'est pourtant pas faute d'avoir dit, répété, ressassé, rabâché, réitéré sur tous les tons : « N'oublie pas, range !... Range, n'oublie pas ! »

Christiane Collange, *Moi, ta mère*,
© Librairie Arthème Fayard, 1985

8

INTERROGATION

Qui parle à qui ? Où ? Quand ? Pourquoi ?
Imaginez des situations et des dialogues. Jouez-les, comparez-les.

1. Vous habitez chez vos parents ?
– . . . .
– Vous vivez seule ?
– . . . .
– Vous m'invitez à prendre un verre chez vous ?

2. Qu'est-ce qui t'arrive ? Pourquoi tu pleures ?
– . . . .
– Elle est où ta maman ?
– . . . .
– Et ton papa, il est où ?
– . . . .
– Tu t'appelles comment ?
– . . . .

3. Qu'est-ce que c'est que ça ?
– . . . .
– Ça sert à quoi ?
– . . . .
– C'est en quoi ?
– . . . .
– Ça marche comment ?
– . . . .
– Ça coûte cher ?
– . . . .
– Ça coûte combien ?
– . . . .
– Ça dure longtemps ?
– . . . .

4. C'était bien ?
– . . . .
– Vous avez bien mangé ?
– . . . .
– Vous étiez combien ?
– . . . .
– Tu étais près de qui ?
– . . . .
– Vous avez parlé de quoi ?
– . . . .
– Tu es rentré comment ?
– . . . .

– Et avec qui ?
– . . . .
– Tu le/la trouves comment ?
– . . . .

5. Ça s'est passé où et quand ?
– . . . .
– À quelle heure ?
– . . . .
– Ils étaient combien ?
– . . . .
– Ils étaient comment ?
– . . . .
– Qu'est-ce qu'ils vous ont pris ?
– . . . .

6. Comment allez-vous ?
– . . . .
– Où avez-vous mal ?
– . . . .
– Depuis combien de temps ?
– . . . .
– Cela vous arrive souvent ?
– . . . .
– Cela vous est arrivé quand la première fois ?
– . . . .
– Que prenez-vous comme médicaments ?
– . . . .

7. . . . .
– Pour combien de nuits ?
– . . . .
– Pour combien de personnes ?
– . . . .
– Je réserve à quel nom ?
– . . . .

8. Pourquoi elles volent, les mouches ?
– . . . .
– Et les poissons pourquoi ils ne volent pas ?
– . . . .

INTERROGATION

8

215

A. Retrouvez les questions manquantes
dans les dialogues qui suivent.

1. Je vais jouer dans un film.

– ....

– Cette année.

– ....

– Dans un film policier.

– ....

– Le rôle du méchant.

– ....

– Avec un metteur en scène inconnu.

– ....

– À Hollywood.

2. Je vais apprendre une langue.

– ....

– L'italien.

– ....

– Avec un professeur particulier.

– ....

– À Rome.

– ....

– Le mois prochain.

– ....

– Trois mois.

3. J'ai loué un appartement.

– ....

– Pour toute l'année.

– ....

– Un grand appartement.

– ....

– Au centre ville.

– ....

– De cinq pièces.

– ....

– Pas trop cher.

4. J'ai acheté une moto.

– ....

– Une grosse moto.

– ....

– Rouge.

– ....

– Pour me balader.

– ....

– Partout.

5. Je vais me remarier.

– ....

– Une étrangère.

– ....

– D'une trentaine d'années.

– ....

– Chilienne.

– ....

– Pour toujours.

6. Vous entendez ?

– ....

– Ce bruit.

– ....

– Derrière la porte.

– ....

– Je ne sais pas, j'ai peur.

7. *On entend frapper à la porte.*

– ....

– C'est moi !

– ....

– Moi, Stéphane.

– ....

– Je veux te parler.

B. Dictée

216

Négation

À Paramarileo
Il n'y a rien à craindre
Il n'y a personne
Nulle part
Pas un piéton, pas un cycliste,
Pas une voiture, pas un enfant
Ni à gauche, ni à droite
Aucun bruit, aucun cri, aucune voix,
Aucun bruissement d'aile
On n'entend que le vent de temps en
temps qui pousse une feuille.
Jamais personne ne semble avoir
habité ce lieu.

MLC.

(N*e*)... *pas* : discrimination

A. Entendez-vous la première partie de la négation « ne » : oui ? non ?
Cochez la case correspondante.

	OUI	NON
Je ne la connais pas.		
Ça ne sert à rien.		
Elle ne parle pas beaucoup.		
Ils n'habitent pas ici.		
Ce n'est pas très grave.		
Tu n'as pas de voiture ?		
Je n'ai pas faim.		
Nous ne sommes pas au courant.		
Vous n'avez pas le temps.		
Tu ne m'accompagnes pas ?		

B. Écoutez les deux prononciations.

PLUS FORMEL	PLUS FAMILIER (formes orales uniquement)
Je n'aime pas	J'aime pas
Je ne crois pas	J'crois pas
Je ne peux pas	J'peux pas
Je ne sais pas	J'sais pas
Je n'entends pas	J'entends pas
Je ne comprends pas	J'comprends pas
Je ne trouve pas	J'trouve pas
Je ne pense pas	J'pense pas
Je n'oublie pas	J'oublie pas
Je ne veux pas	J'veux pas

C. Écoutez le poème et écrivez.

. . . .

. . . .

. . . .

. . . .

. . . .

Constructions négatives : tableau

Observez les différentes constructions négatives de la page.

FORMES NÉGATIVES

ne... jamais 76

- ne... pas (du tout)
- ne... plus
- ne... jamais
- ne... rien, rien ne...
- ne... personne, personne ne...

- ne... que
- ne... nulle part
- ne... aucun, aucun... ne...
- ni... ni...

SYNTAXE DE LA PHRASE NÉGATIVE

UN VERBE FORME SIMPLE	UN VERBE FORME COMPOSÉE
Je n'oublie pas	Je n'ai pas oublié
Je n'oublie plus	Je n'ai plus oublié
Je n'oublie rien	Je n'ai rien oublié
Je n'oublie jamais	Je n'ai jamais oublié
Je n'oublie personne	Je n'ai oublié personne
Je n'oublie aucune question	Je n'ai oublié aucune question
Je n'oublie ni Pierre ni Paul	Je n'ai oublié ni Pierre ni Paul
Je n'oublie ni lui ni elle	Je n'ai oublié ni lui ni elle

DEUX VERBES	AVEC L'INFINITIF
Je ne veux pas oublier	Il est important de ne pas oublier
Je ne veux plus oublier	Il est important de ne plus oublier
Je ne veux rien oublier	Il est important de ne rien oublier
Je ne veux jamais oublier	Il est important de ne jamais oublier
Je ne veux oublier personne	Il est important de n'oublier personne
Je ne veux oublier aucune question	Il est important de n'oublier aucune question
Je ne veux oublier ni Grenoble ni Paris	Il est important de n'oublier ni ses amis ni ses ennemis

Remarque :

- L'interrogation ne change pas l'ordre de la négation.

  Le train n'est pas en retard.　→　Le train n'est-il pas en retard ?

- Dans la langue orale familière la première partie de la négation « **ne** » n'est généralement pas prononcée.

  Je ne comprends rien.　→　Je comprends rien ou j'comprends rien.

NÉGATION 9

219

Ne... pas : entraînement

A. Définissez par des phrases négatives.

ne... pas 7, 15

Quelqu'un de sobre :   Il *ne boit pas.*
Un chômeur :   Il *ne travaille pas, il n'a pas de travail.*
Un immigré :   Il *n'habite pas dans son pays.*

1. Un végétarien : . . . .

2. Un analphabète : . . . .

3. Un timide : . . . .

4. Un insomniaque : . . . .

5. Un alcoolique : . . . .

6. Un veilleur de nuit : . . . .

7. Un abstentionniste : . . . .

8. Un boulimique : . . . .

B. Répondez en atténuant la réalité.

C'est laid   *En effet ce n'est pas très beau.*
Il est sourd   *Oui, c'est vrai, il n'entend pas très bien.*

1. C'est stupide . . . .

2. Il est timide . . . .

3. Il est triste . . . .

4. C'est sale . . . .

5. Il est mou . . . .

6. Elle a un caractère . . . .
de cochon . . . .

7. Il est vieux . . . .

8. Il est paresseux comme . . . .
une couleuvre . . . .

9. Elle est avare . . . .

10. Il est agressif . . . .

11. C'est horrible ! . . . .

12. C'est infect ! . . . .

Ne *pas* + *infinitif* : entraînement

A. Complétez les conseils.

Bois encore un café, pour *ne pas dormir au volant.*

1. Regarde où tu mets les pieds, pour . . . .

2. Fais une liste, pour . . . .

3. Partons tout de suite, pour . . . .

4. Mets un pull, pour . . . .

5. Attends-le devant sa classe, pour . . . .

6. Il faut travailler beaucoup, pour . . . .

7. Je recompte tout, pour . . . .

8. Ne lui annonce pas la nouvelle maintenant, pour . . . .

B. Reformulez ces phrases avec « je te conseille de… ».

C. Voici des panneaux que l'on peut lire dans des lieux publics.

INTERDICTION DE FUMER
Défense de fumer
Il est demandé de ne pas fumer
V E U I L L E Z   N E   P A S   F U M E R
Il est recommandé de ne pas fumer
MERCI DE NE PAS FUMER
Prière de ne pas fumer

D. À votre tour imaginez les panneaux d'interdiction que vous aimeriez voir figurer…

DANS UN PARC	DANS UNE ÉCOLE

DANS L'ENTRÉE D'UN IMMEUBLE	DANS UN STADE

A. Lisez.

négation 219

SUJET	COMPLÉMENT
PRÉSENT	
Incognito	**Misanthrope**
Personne ne le reconnaît.	Il n'aime personne.
Personne ne le remarque.	Il ne parle à personne.
Personne ne s'intéresse à lui.	Il ne veut voir personne.
Aucun passant ne le regarde.	Il n'accepte aucune invitation.
Intrépide	**Dépressif**
Rien ne lui fait peur.	Il ne mange rien.
Rien ne l'arrête.	Il ne dit rien.
Rien ne l'intimide.	Il ne s'intéresse à rien.
Aucun danger ne peut l'arrêter.	Il ne veut rien faire.
	Il n'a aucun projet, aucun désir.
PASSÉ COMPOSÉ	
Un spectacle comique raté	**Un témoin peu bavard**
Rien n'a fait rire les spectateurs.	Il n'a rien vu.
Personne n'a applaudi.	Il n'a rien entendu.
Personne n'a aimé.	Il n'a vu personne.
Aucun acteur n'a été apprécié.	Il n'a entendu personne.
Aucune situation n'a amusé le public.	Il n'a rien voulu dire.
	Il n'a voulu dénoncer personne.

« Personne » et « rien » ont-ils toujours la même place dans les phrases ?
Quelle est la place de « rien » et de « personne » ?

9 NÉGATION

B. Passez du présent au passé composé et du passé composé au présent.

Incognito   *Personne ne l'a reconnu…*
Spectacle raté   *Rien n'a fait rire les spectateurs*

Complétez comme dans l'exemple.

Tout *le* monde a cherché la réponse
mais (*trouver*) ... *personne ne l'a trouvée.*

1. On a envoyé une convocation à tout le monde . . . .
. . . . (*recevoir*)

2. J'ai trouvé un porte-monnaie le mois dernier . . . .
. . . . (*réclamer*)

3. Les enfants ont fait du bruit en revenant du cinéma . . . .
. . . . (*entendre*)

4. Il a payé pour tout le monde . . . .
. . . . (*rembourser*)

5. Elle était à l'inauguration . . . .
. . . . (*voir*)

6. Il a sonné dix fois . . . .
. . . . (*répondre*)

7. Il a exposé ses tableaux pendant un mois
. . . .
. . . . (*acheter*)

8. Le professeur avait donné un exercice à faire

. . . . (*faire*)

DRRIiiNNGG...

| Attention à l'accord du participe passé ! | accord 65 |

NÉGATION 9

Ne... *plus* : échanges

A. Bonne ou mauvaise nouvelle ? Classez les phrases.   ne... plus 176

• Il n'a plus mal • On n'a plus d'argent • Je ne maigris plus • Vous ne faites plus partie de notre personnel • Il ne pleut plus • Elle ne divorce plus • Elle n'a plus de travail • Elle ne fume plus • La télé ne marche plus • Je ne tousse plus • Il ne t'aime plus • Il ne chante plus • Elle n'a plus peur • Il n'est plus en prison.

Bonnes nouvelles	Mauvaises nouvelles	Bonnes ou mauvaises nouvelles (ça dépend !)

B. Quel a été à votre avis l'événement le plus important dans la vie des femmes en France au XXe siècle ? Échangez vos points de vue.

1. Depuis 1945, l'isoloir n'est plus un lieu réservé aux hommes, les femmes votent aussi.
2. Depuis 1959, elles ne lavent plus le linge à la main, la machine à laver s'en charge.
3. Depuis 1959, le matin elles ne préparent plus le café, la cafetière électrique le fait toute seule.
4. Depuis 1965, les femmes ne sont plus obligées de demander l'autorisation de leur mari pour ouvrir un compte en banque.
5. Depuis 1969, la grande école Polytechnique n'est plus interdite aux femmes.
6. Depuis 1969, voir un bébé avant la naissance n'est plus un rêve grâce à l'échographie.
7. Depuis 1975, l'avortement n'est plus interdit.
8. Depuis 1980, l'Académie française n'est plus fermée aux femmes. Marguerite Yourcenar a été la première femme à y entrer.
9. Depuis 1980, grâce au robot, au congélateur et aux plats cuisinés congelés, préparer la cuisine ne dure plus aussi longtemps.
10. Depuis 1982, la stérilité n'est plus insurmontable, le premier bébé éprouvette, Amandine, est né.

A. Complétez librement en utilisant ne... que.

Il *ne dort* pas beaucoup. Il *ne dort que 5 heures par jour.*
Il mange très peu. *Il ne prend qu'un seul repas par jour.*

1. Ils sont petitement logés. . . . .
2. Il a un petit salaire. . . . .
3. C'est un petit parti politique. . . . .
4. Je ne prends *pas* beaucoup de vacances. . . . .
5. Il n'a pas une grande expérience. . . . .
6. Elle voit très peu ses enfants. . . . .
7. Il n'est pas très diplômé. . . . .
8. Ce village *est* mal desservi. . . . .

B. Complétez en utilisant ne... que.

AVANT, MAINTENANT

*Avant on écrivait sur les murs, on **ne** colle des affiches **que** depuis le XVe siècle.*

1. Avant, en France, il y avait six à huit enfants par famille, maintenant (un ou deux) . . . .

. . . .

2. Maintenant l'école est obligatoire jusqu'à 16 ans, avant (12 ans) . . . .

. . . .

3. Avant on travaillait jusqu'à 50 heures par semaine, en France. Depuis le début de l'an 2000 (35 heures) . . . .

. . . .

4. Au début du siècle on mettait plus de 30 heures pour traverser l'Atlantique en avion maintenant avec le Concorde (3 heures environ) . . . .

. . . .

5. Maintenant on peut passer son permis de conduire à 18 ans, avant (21 ans)

. . . .

6. Au début du XXe siècle l'électricité est entrée dans les maisons françaises, avant (bougies) . . . .

. . . .

C. Écoutez les réponses.

Est-ce que vous pouvez...

Entrer sans frapper ?

Dormir sans fermer les yeux ?

Avaler sans mâcher ?

Parler sans réfléchir ?

Traverser sans regarder ?

Conduire sans permis ?

Remercier sans sourire ?

Sortir sans payer ?

Mentir sans rougir ?

Attendre sans vous énerver ?

Dormir sans ronfler ?

Vous fâcher sans crier ?

Traduire sans dictionnaire ?

Fermer un œil sans fermer l'autre ?

Pleurer sans larmes ?

Ouvrir une bouteille sans tire-bouchon ?

Manger sans vous tacher ?

Partir sans dire au revoir ?

Échangez. Donnez quelques précisions.

« J'entre toujours dans les toilettes sans frapper. »

« Ça m'est arrivé une seule fois de sortir sans payer d'un restaurant, mais ça ne m'arrivera pas deux fois. »

9

NÉGATION

© Philippe Geluck, 1995

A. Lisez.

Un voleur efficace	Une ville triste
Personne ne le voit	Il n'y a pas d'arbres
Il ne fait aucun bruit	Aucun oiseau ne chante
On ne l'entend pas	Il ne fait jamais beau
Pas une porte ne lui résiste	Les maisons ne sont pas fleuries
Il n'a pas de scrupules	Personne ne se parle
Rien ne l'arrête	On n'entend aucun rire d'enfant
Il n'a peur de rien	Il n'y a pas de couleurs sur les murs
Il ne laisse aucune trace	Il ne se passe rien

B. À votre tour, en utilisant plusieurs constructions négatives différentes, décrivez :

- un pays ou une famille triste.
- un film, un livre ou une soirée ennuyeuse.
- un restaurant, un hôtel, un parent, un professeur, un élève, un conjoint, un médecin, un conférencier... qui ne donne pas satisfaction.

. . . .

. . . .

. . . .

. . . .

. . . .

. . . .

. . . .

. . . .

NÉGATION

9

. . . .

. . . .

. . . .

. . . .

Sempé, *Quelques forces obscures*, © by Éditions Denoël

9 NÉGATION

Où l'histoire se passe-t-elle ? • Le quartier est-il animé, bruyant ? • Y a-t-il de la circulation, des passants ? • En quelle saison cette scène se passe-t-elle. En automne, en hiver ? • À quoi le voyez-vous ? • Quel temps fait-il le premier jour ? • Le deuxième ? • Et le troisième jour ? • Le facteur a-t-il du courrier pour la dame : des lettres, des cartes postales, des mandats, des paquets, des journaux… ? • Quelqu'un lui écrit-il ? • Que lui dit le facteur le premier jour, le deuxième jour, le troisième jour ? • Et le quatrième jour que se passe-t-il ? • La dame attend-elle le facteur comme d'habitude ? • Pourquoi ? • Que fait le facteur ? • Que lui dit-il ?

Répondez oralement ou par écrit aux questions suivantes en utilisant le maximum de négations dans vos réponses, puis écoutez et écrivez.

Toutes structures : évaluation

A. Mettez au passé composé.

1. Je ne le vois plus depuis cet été. . . . .

2. Il ne voyage pas souvent en avion. . . . .

3. Vous ne reconnaissez personne ? . . . .

4. Je ne lui téléphone pas. . . . .

5. Nous ne buvons jamais de café . . . .
    le soir. . . . .

6. Les enfants ne veulent pas sortir. . . . .

7. Il n'aime que toi. . . . .

8. Tu ne vas pas travailler ? . . . .

9. Elle ne veut peut-être pas te faire . . . .
    de la peine. . . . .

10. Cela ne me gêne pas du tout. . . . .

B. Dites le contraire.

place de l'adverbe 73

1. J'ai toujours vécu en Europe : . . . .

2. J'ai besoin d'une voiture : . . . .

3. J'ai quelque chose à faire ici : . . . .

4. Je m'amuse beaucoup : . . . .

5. Il est déjà de retour : . . . .

6. Je veux encore le revoir avant son départ : . . . .

7. J'ai toujours eu de la chance dans la vie : . . . .

8. Tu as entendu quelque chose ? : . . . .

9. Quelqu'un a téléphoné ? : . . . .

10. Tu veux encore un peu de gâteau ? : . . . .

NÉGATION 9

C. Dictée

229

Expression du lieu

La vie dort
Sans la terre
En hiver

Le sol craque
Dans les champs
Au printemps

Il y a de l'or
Sur les blés
En été

Les oiseaux
M'abandonnent
C'est l'automne

MLC.

A. Lisez et soulignez les différentes marques de lieu.

Où habitez-vous? où vivez-vous?

- <u>Sur quel</u> continent? <u>En</u> Asie? <u>En</u> Afrique? <u>En</u> Europe?
  <u>En</u> Amérique? <u>En</u> Océanie?

- Dans quel pays? En France? En Pologne? En Italie?
  En Espagne? Au Danemark? Aux Pays-Bas? À Monaco?

- Dans quelle région? Dans le Nord? Dans le Sud?
  Dans l'Est? Dans l'Ouest? Dans le Sud-Ouest?
  Dans le Sud-Est?

- À la campagne? Dans une ville? Dans un village?

- Dans une grande ville? Dans une petite ville?
  Dans une ville moyenne?

- En ville? En banlieue?
  Dans la banlieue parisienne?

- Au centre ville? Dans les quartiers périphériques?

- Dans quel quartier? Le quartier de la gare?
  Le quartier de la poste? Le quartier du musée?
  Le quartier de l'hôpital?

- Dans quelle rue? Sur quelle place?

- À quel étage? Au rez-de-chaussée? Au premier étage?
  Au deuxième étage? Au dernier étage?

- À droite? À gauche?

B. Dictée.

. . . .

. . . .

. . . .

. . . .

. . . .

où? 10

C. Entraînez-vous à poser ces questions et à y répondre.

A. Observez la construction des verbes.

VERBE + À/EN	VERBE + DE	VERBE + PAR	VERBE
Aller en France	Arriver de France	Passer par la France	Quitter la France
Arriver à Paris	Décoller de Paris	Passer par Paris	Survoler Paris
Atterrir au Canada	Revenir du Canada	Passer par le Canada	Traverser le Canada
Vivre en Espagne	Partir d'Espagne	Passer par l'Espagne	Survoler l'Espagne
Émigrer aux États-Unis	Sortir des États-Unis	Passer par les États-Unis	Retraverser les États-Unis
Être...			
Faire étape...			
Faire escale...			
Faire un séjour...			
Habiter...			
Passer...			
(Re)partir...			
Rester...			
Retourner...			
Revenir...			
S'arrêter...			

B. Complétez ce dialogue entre deux journalistes avec les prépositions qui conviennent.

`pays 125`

– Tu arrives ou tu pars ?
– Je reviens . . . . Maroc et je repars demain . . . . Vietnam.
– Tu pars . . . . Paris ?
– Non, je pars . . . . Genève.
– Tu passes . . . . où ?
– Je ne sais pas, je sais qu'on fait escale . . . . Delhi.
– Tu reviens quand . . . . Vietnam ?
– J'y reste une semaine mais au retour je m'arrête . . . . Turquie.
– Pour le boulot ?
– Non ! Vacances ! Mais je serai de retour . . . . Paris à la fin du mois.

C. Complétez librement ce programme de voyage avec des noms de villes ou de pays.

10 OÙ ?

Nous partirons . . . . le 10,
nous décollerons à 16 heures de l'aéroport . . . .
nous survolerons . . . . ,
nous ferons escale . . . . ,
nous repartirons . . . . quelques heures plus tard,
et nous atterrirons . . . . en fin de journée,
nous y passerons la nuit et nous en repartirons le lendemain matin.

Devinettes : Que remplace « y » dans les phrases suivantes ?

1. On y achète le pain. *à la boulangerie/dans une boulangerie*

2. On s'y allonge *et* on y dort.

3. On y vend des cigarettes.

4. On vous y conduit quand vous êtes blessé

5. On y trouve les numéros de téléphone des abonnés.

6. En France on y va obligatoirement jusqu'à 16 ans.

7. On s'y plonge avec plaisir quand elle n'est pas trop froide.

8. On n'aime pas y aller mais on doit y aller.

9. Les poissons y sont bien.

10. Vous ne pouvez pas y entrer avec vos chaussures.

11. Des hommes y sont allés pour la première fois en 1969.

12. Quand on vous y conduit, vous n'en sortez plus jamais.

13. Les hommes qui y sont partis n'en sont malheureusement pas tous revenus.

14. Tous les bébés éléphants y ont passé environ deux ans.

OÙ ? **10**

Lisez et soulignez toutes les expressions de localisations.

Décor

Une place <u>dans</u> une petite ville de province. <u>Au fond</u>, une maison composée d'un rez-de-chaussée et d'un étage. Au rez-de-chaussée, la devanture d'une épicerie. On y entre par une porte vitrée qui surmonte deux ou trois marches. Au-dessus de la devanture est écrit en caractères très visibles le mot : « ÉPICERIE ». Au premier étage, deux fenêtres qui doivent être celles du logement des épiciers. L'épicerie se trouve donc dans le fond du plateau, mais plutôt à gauche, pas loin des coulisses. On aperçoit au-dessus de la maison de l'épicerie, le clocher d'une église, dans le lointain. Entre l'épicerie et le côté droit, la perspective d'une petite rue. À droite, légèrement en biais, la devanture d'un café. Au-dessus du café, un étage avec une fenêtre. Devant la terrasse de ce café : plusieurs tables et chaises s'avancent jusque près du milieu du plateau. Un arbre poussiéreux près des chaises de la terrasse. Ciel bleu, lumière crue, murs très blancs. C'est un dimanche, pas loin de midi, en été. Jean et Béranger iront s'asseoir à une table de la terrasse [...]. Lorsque le rideau se lève, une femme, portant sous un bras un panier à provision vide et sous l'autre un chat, traverse en silence la scène, de droite à gauche.

Ionesco, *Rhinocéros*, © Gallimard, 1958.

10 OÙ ?

Prépositions : entraînement

Souvenez-vous ou imaginez des lieux de rendez-vous.

Rendez-vous devant…
la grille du zoo.
l'hôtel de police.

Rendez-vous devant…
la statue de la liberté.
le téléphérique de la piste noire.

1. Rendez-vous au coin de… . . . .

2. Je te retrouve sous… . . . .

3. On se donne rendez-vous près de… . . . .

4. Rejoins-moi derrière… . . . .

5. Retrouvons-nous au bout de… . . . .

6. Attendons-nous à l'entrée de… . . . .

7. Je t'attendrai chez… . . . .

8. Rendez-vous sur le bord de . . . .

9. On peut se donner rendez-vous
en face de… . . . .

10. On se retrouve dans… . . . .

11. Attends-moi… . . . .

12. N'oublie pas ! demain… . . . .

13. On pourrait se retrouver… . . . .

14. N'oublie pas notre rendez-vous… . . . .

15. A demain cinq heures… . . . .

Expression de la localisation

À… • À l'intérieur de… • À l'entrée de… • À l'extérieur de… • À l'arrière de… • À travers… • Au bout de… • Au centre de… • Au coin de… • À droite de… • À gauche de… • Au-dessous de… • Au-dessus de… • Au fond de… • Au milieu de… • Au pied de… • Aux environs de… • Chez… Contre… • Dans… • Derrière… • Devant… • En… • En bas de… • En dehors de… • En face de… • En haut de… • En travers de… • Entre… et… • Loin de… • Par… • Parmi… • Près de… Sous… • Sur… Sur le bord de… • Vers…

OÙ ? **10**

A. Lisez ces expressions imagées et complétez-les. Que signifient-elles ?

Être dans la lune
Être dans les nuages
Ne pas être dans son assiette
Mettre les pieds dans le plat

Être . . . . . . un mur

Être assis . . . . . . deux chaises

Vouloir rentrer . . . . . . terre

Aller aux quatre coins du monde

Agir contre vents et marées

Avoir une idée derrière la tête

Avoir le cœur sur la main
Avoir la tête sur les épaules
Avoir un mot sur le bout de la langue

Être au fond du trou

Être au bout du rouleau

B. Composez de courts textes en utilisant des prépositions de lieu comme dans ces quelques exemples.

ORDRE
Les clés dans les serrures
Les pieds dans les chaussures

ORDRE
Les oiseaux dans leurs nids
Et les points sur les « i »

DÉSORDRE
Les clés dans les chaussures
Les pieds dans les serrures

PRISON
Des clés dans des serrures
Des hommes derrière des murs

SOUVENIRS
Des mots dans la mémoire
Des photos dans un tiroir

MÉLANCOLIE
Des larmes au coin des yeux
Un chat au coin du feu

MIROIR
Moi en face de moi
Face à face, moi et moi

10 où ?

A. Lisez, observez la construction relative.

PROMENADE SOUVENIR À TRAVERS UNE VILLE

« Voilà le quartier où j'ai vécu toute mon enfance.

Voilà la clinique où je suis né.

Voilà la pharmacie où travaillait mon père.

Voilà l'école où j'ai appris à lire.

Voilà le café où j'ai vu ta mère pour la première fois.

Voilà le jardin public où je lui donnais rendez-vous.

Voilà la place où je faisais du patin à roulettes.

Voilà la boulangerie où j'achetais des bonbons.

Voilà l'église où tes grands-parents se sont mariés.

Voilà le restaurant où nous allions le dimanche.

Voilà le cinéma où j'ai vu mon premier film.

Voilà la maison où nous habitions. »

B. Imaginez une autre promenade souvenir à travers les pièces d'une maison, dans un jardin, dans une ville ou dans un village, au bord de la mer… Choisissez un personnage de roman et faites le parler.

. . . .

. . . .

. . . .

. . . .

. . . .

. . . .

. . . .

. . . .

. . . .

OÙ ? **10**

237

Expression du temps

Je vous attends Madame
Depuis un certain temps
Il y a vraiment longtemps
Et pendant tout ce temps
Tout ce long temps passé
Tout ce temps enduré
Le savez-vous Madame
Que vous avez été
Tout ce temps espérée ?
Mais il y a tant de temps
Madame que j'attends
Que si un jour venait où
Vous me reveniez
Je le regretterais
Ce temps où j'attendais

MLC.

11

QUAND ?

238

Ce matin.
Ce mois-ci.
Cette année.
Ce soir.
Cette semaine.
Ces jours-ci.
Cet après-midi.
Cet hiver.

A. Complétez le tableau.

Hier	Aujourd'hui	Demain
• Hier matin	ce matin	demain matin
• Hier après-midi	cet après-midi	. . . .
• Hier soir	. . . .	demain soir
• La semaine dernière	. . . .	la semaine prochaine
•	Ce mois-ci	. . . .
• L'hiver dernier	. . . .	. . . .
•	L'année prochaine	. . . .
• La nuit dernière	. . . .	. . . .

B. Créez de courts dialogues à partir des phrases complétées.

On sort . . . . soir?

– *On sort ce soir?*
– *Si tu veux.*

1. Tu es libre . . . . après-midi?

2. Tu es occupé(e) . . . . jours-ci?

3. Vous avez quel âge . . . . . . année?

4. Vous allez skier . . . . hiver?

5. Tu fais quoi . . . . matin?

6. Vous allez en vacances où . . . . . été?

7. Vous partez . . . . week-end?

8. Vous travaillez encore . . . . . nuit?

9. Il y a des vacances . . . . . mois-ci?

10. On va au cinéma . . . . . semaine?

11. Tu passes encore un examen . . . . trimestre?

12. Il a beaucoup plu . . . . automne?

C. Écoutez les dialogues.

QUAND?

11

Allez-vous...

- Régulièrement

  Tous les jours/chaque jour/une ou plusieurs fois par jour

  Toutes les semaines/chaque semaine/une ou plusieurs fois par semaine

  Tous les mois/chaque mois/une ou plusieurs fois par mois

  Tous les ans/chaque année/une ou plusieurs fois par an

- (Pas) (très) souvent

  De temps en temps

  Rarement

  Exceptionnellement

- Jamais

...dans les lieux suivants ?

À la, au, à l'...

piscine
banque
université
pharmacie
boulangerie
cinéma
marché
bibliothèque
zoo
théâtre
plage
montagne
cirque
restaurant
patinoire

Chez un, une...
chez le, la, les...
chez votre, vos...

Médecin
Coiffeur
Parents
amis
dentiste
voyante

Dans un, une...

Laverie automatique
Club de sport
Discothèque
club de vacances
commissariat de police
librairie

11

QUAND ?

Répondez en utilisant les éléments du tableau.

QUAND ÊTES-VOUS NÉ(E) ?

En quelle année ? . . . .

En quelle saison ? . . . .

Quel mois ? . . . .

Quel jour de la semaine ? . . . .

À quelle date précisément ? . . . .

À quel moment de la journée ? . . . .

À quelle heure ? . . . .

QUAND ÊTES-VOUS ALLÉ(E) À L'ÉCOLE POUR LA PREMIÈRE FOIS ?

En quelle année ? . . . .

En quelle saison ? . . . .

Quel jour de la semaine ? . . . .

À quelle heure ? . . . .

QUAND AVEZ-VOUS COMMENCÉ À TRAVAILLER OU À FAIRE VOS ÉTUDES ?

En quelle année ? . . . .

En quelle saison ? . . . .

Quel mois ? . . . .

Quel jour de la semaine ? . . . .

À quel moment de la journée ? . . . .

À quelle heure ? . . . .

Le siècle : au XXe siècle, au XXIe siècle…

L'année : en 1899, en 1950, en 1995, en 2005…

Le semestre ou trimestre : au premier semestre, au troisième trimestre…

La saison : au printemps, en été, en automne, en hiver, au début de l'hiver, à la fin du printemps…

Le mois : en janvier/au mois de janvier, en mai/au mois de mai…

Le jour : le (mercredi) 1er avril, le 2 juin, le 25 décembre… un lundi, un samedi, un dimanche…

Le moment de la journée : le matin, l'après-midi, le soir, la nuit…

L'heure : à 8 heures (du matin) à midi, à 6 heures (du soir), à minuit…

QUAND ? **11**

Écoutez les messages du répondeur téléphonique. **quand 94, 95, 96**
Complétez.

1. « Allô, je n'ai toujours pas eu le temps de te rapporter ta doc. Je peux la garder . . . . ? On mange toujours ensemble . . . . ? Rappelle-moi . . . . »

2. « Allô maman, j'ai des invités . . . . Ça cuit en combien de temps un pot-au-feu? Rappelle-moi . . . . »

3. « Allô, Mademoiselle Coste, votre commande est arrivée depuis hier. Vous pouvez venir la chercher . . . . »

4. « Ça fait trois jours que je t'appelle. Qu'est-ce que tu fais? Où es-tu passé? Rappelle-moi . . . . »

5. « T'es toujours d'accord pour le match de foot . . . . Tu peux me rappeler . . . . »

6. « Comme convenu, je passe te prendre . . . . pour aller au cinéma. Je te rappelle . . . . »

7. « Si ça te dit, on va ensemble le week-end prochain à Avignon? On partira . . . . et on rentrera . . . . Rappelle-moi ce soir. »

8. « Qu'est-ce que tu fais . . . . ? Et le 31? On le passe ensemble? Passe-moi un coup de fil . . . . , je ne bouge pas chez moi. »

9. « Dans combien de temps tu déménages? Tu veux de l'aide? Je ne suis pas là . . . . mais tu peux laisser un message. Je te rappellerai . . . . »

10. « Devine qui j'ai rencontré . . . . Pierre, tu te rappelles, l'année du bac... c'est incroyable! Il veut qu'on mange ensemble . . . . On essaye d'organiser quelque chose. Rappelle-moi . . . . »

11 QUAND?

A. Lisez et soulignez les formules de questionnement.

1. <u>Depuis combien de temps</u> apprenez-vous le français ?
2. (Pendant) combien de temps acceptez-vous d'attendre quelqu'un ?
3. En combien de temps avez-vous appris à lire ?
4. Combien d'heures par nuit dormez-vous ?
5. Combien de fois êtes-vous venu en France ? Combien de temps y avez-vous passé chaque fois ?
6. Il y a combien de temps que vous n'avez pas pleuré ou ri ?
7. À votre avis, il faut combien de temps pour apprendre une langue étrangère ?
8. À quel âge avez-vous marché ?
9. Jusqu'à quel âge pensez-vous être étudiant ou travailler (si vous travaillez déjà) ?
10. Dans combien de temps serez-vous grand-père ou grand-mère ?
11. En combien de temps avez-vous appris à conduire ?
12. Combien de temps passez-vous à table, devant la télévision, dans la salle de bain… chaque semaine ?
13. Jusqu'à quel âge avez-vous cru au Père Noël ?
14. Jusqu'à quel âge avez-vous fait pipi au lit ?
15. Combien de fois par jours regardez-vous votre montre ?
16. Combien de fois par jour, par semaine, par mois ou par an, cirez-vous vos chaussures ?

B. Échangez puis notez quelques-unes de vos réponses.

. . . .

. . . .

. . . .

. . . .

. . . .

. . . .

. . . .

. . . .

. . . .

QUAND ? **11**

Depuis (*combien de temps*)? : échanges

A. Échangez comme dans l'exemple.

Vous jouez d'un instrument de musique? oui? depuis quand? *depuis combien de temps?*

• *Je fais du violon depuis que je suis enfant.*
Je fais de la guitare depuis trois ans.
Je suis des cours de piano, mais pas depuis longtemps.

• Parler anglais . . . .
• Conduire . . . .
• être financièrement indépendant . . . .
• Boire de l'alcool . . . .
• être marié . . . .
• être membre d'un club . . . .
• Danser . . . .
• Voter . . . .
• Faire des études . . . .
• Écrire un journal intime . . . .
• S'intéresser à la politique . . . .
• Savoir nager . . . .
• Participer à des compétitions sportives . . . .
• Croire en Dieu . . . .

B. Échangez à partir des questions suivantes.
Notez des réponses complètes avec le verbe.

Depuis combien de temps...

Vous ne vous êtes pas coupé les cheveux?

Je ne me suis pas coupé les cheveux depuis trois mois.

Vous n'avez pas pris de médicaments? . . . .

Vous n'avez pas éternué ou baillé? . . . .

Vous n'êtes pas allé(e) dans un musée? . . . .

Vous n'avez pas eu de discussion avec quelqu'un? . . . .

Vous n'avez pas emprunté de l'argent à quelqu'un? . . . .

Vous n'avez pas été invité(e) au restaurant? . . . .

11 QUAND ?

Il y a : entraînement

Achat d'une voiture (six mois)
Accident (trois mois)
Rachat d'une nouvelle voiture
(deux mois)
Nouvel accident (trois jours)

*Il s'est acheté une voiture **il y a six mois**, il a eu un accident **il y a trois mois**, il s'est racheté une nouvelle voiture **il y a deux mois** et il a eu un nouvel accident **il y a trois jours**.*

1. Mariage (un an)
Divorce (six mois)
Remariage (trois mois)

Ils

2. Signature du contrat (un mois)
Rupture du contrat (huit jours)

Nous

3. Commande d'une pizza par téléphone (dix minutes)
Livraison de la pizza (cinq minutes)

Nous

4. Début du tournage d'un film (un an)
Fin du tournage (six mois)
Sortie du film (trois jours)

Le tournage

5. Paiement de la facture d'eau (six jours)
Paiement de la facture d'électricité (quatre jours)
Paiement de la facture du téléphone (trois jours)
Paiement de la redevance télévision (deux jours)
Paiement du loyer (demain)

Je

6. Maîtrise de droit (cinq ans)
Thèse de droit commercial (deux ans)
Poste à l'Université (un an)

Il

7. Contravention (cinq ans)
Paiement de la contravention (une semaine)

Elle

QUAND ?

11

FORMES VERBALES DIFFÉRENTES

IL Y A	DEPUIS
Moment du passé où l'action a eu lieu ; Point de départ d'une durée	Durée à partir de la réalisation de l'action passée jusqu'à maintenant
Cette maison a été construite il y a vingt ans.	Cette maison est construite depuis vingt ans.
La paix a été signée il y a une semaine.	La paix est signée depuis une semaine ;
Cette loi a été votée il y a trois ans.	Cette loi est votée depuis trois ans.
Le concert s'est terminé il y a une heure.	Le concert est terminé depuis une heure.
Il s'est endormi il y a dix minutes.	Il sort depuis dix minutes.
Ils se sont mariés il y a trois semaines.	Ils sont mariés depuis trois semaines.
Nous nous sommes associés il y a deux ans.	Nous sommes associés depuis deux ans.
Il a commencé à faire du piano il y a un an.	Il fait du piano depuis un an.
Il s'est mis à étudier le chinois il y a six mois.	Il étudie le chinois depuis six mois.
Il a arrêté de travailler il y a un mois.	Il ne travaille pas depuis un mois.
	Il n'a pas travaillé depuis un mois.
Elle a cessé de fumer il y a quelques mois.	Elle ne fume plus depuis quelques mois.
	Elle n'a plus fumé depuis quelques mois.
Nous avons cessé de nous écrire il y a deux ans.	Nous ne nous écrivons plus depuis deux ans.
	Nous ne nous sommes pas écrit depuis deux ans.
La dernière fois que je suis allé au cinéma c'était il y a un mois.	Je ne suis pas allé au cinéma depuis un mois.
La dernière réunion a eu lieu il y a deux mois.	Il n'y a pas eu de réunion depuis deux mois.

FORMES VERBALES IDENTIQUES

IL Y A	DEPUIS
Accompli du passé	Accompli du présent
Il est parti il y a cinq minutes.	Il est parti depuis cinq minutes.
Elle a fini sa thèse il y a six mois.	Elle a fini sa thèse depuis six mois.
Elle est revenue d'Asie il y a quelques jours.	Elle est revenue d'Asie depuis quelques jours.
J'ai déménagé il y a une semaine.	J'ai déménagé depuis une semaine.

Remarque :

« Il y a... que », « ça fait... que » ou « voilà... que » remplacent « il y a » et « depuis » si l'on veut mettre en relief la durée.

– Il y a vingt-cinq ans que nous nous sommes rencontrés !

– Oui ! Ça fait vingt-cinq ans que nous nous connaissons.

11 QUAND ?

Reformulez les différentes phrases du tableau avec une de ces expressions.

A. Écoutez et complétez.

1. Le détenu a été libéré il y a trois semaines, il . . . .

2. Les Français ont voté il y a six mois, ils . . . .

3. Mon voisin a gagné des millions au loto il y a un an, ...

4. L'opération a commencé il y a longtemps et . . . .

5. La manifestation s'est dispersée il y a deux heures et . . . .

6. Elle a fait une cure de désintoxication il y a deux ans, ...

7. Il ne lit pas le Monde depuis très longtemps, il . . . .

8. Il vit en France depuis plusieurs années, ...

B. Complétez avec « il y a » ou « depuis ».

J'ai fait tomber mon téléphone *il y a* deux jours et *depuis*, je ne peux plus téléphoner.

1. On m'a volé ma bicyclette . . . . un mois et . . . . je marche à pied.

2. Elle a eu une contrariété . . . . trois jours et . . . . trois jours elle ne mange pas.

3. L'état du malade a commencé à s'améliorer. . . . . deux semaines et . . . . une semaine ça va beaucoup mieux.

4. Je conduis avec mon père . . . . deux ans mais je n'ai mon permis de conduire que . . . . trois mois.

5. Les agents de l'EDF (Electricité de France) sont en grève . . . . . . ce matin. L'électricité a été coupée . . . . cinq heures, puis rétablie, puis recoupée.

6. Elle a commencé sa thèse . . . . trois ans, elle l'a finie . . . . trois mois et elle est docteur en sciences . . . . quinze jours.

7. Ils ont gagné un match important . . . . deux ans mais, ... ils n'ont plus rien gagné.

8. Il n'a pas voté . . . . plus de . . . . ans ! La dernière fois qu'il a voté, c'était en 1993, ... ans.

9. Ils se sont disputés . . . . cinq ans, et ils ne se sont pas parlé . . . .

10. Sa mère est à l'hôpital . . . . huit jours et elle a été opérée . . . . trois jours.

247

A. Qui parle à qui ? Pourquoi ?

« Dans quelques minutes nous amorçons notre descente vers Madrid. »

« Je viens au monde dans quinze jours. »

« Courage ! Dans une ou deux heures nous serons au sommet. »

« On se met à table dans cinq minutes. »

« Dans un an je suis majeur et je dis zut à tout le monde ! »

« Je me représenterai dans sept ans. »

« Si tout marche bien, dans une heure nous sommes riches ! »

« Je prends votre commande dans un instant. »

« Dans quelques années, tu comprendras. »

« La chambre sera prête dans une demi-heure. »

B. Observez.

Il y a	Dans
Nous nous sommes vus il y a trois jours et…	nous nous reverrons dans deux jours.
Il est revenu de l'étranger il y a quelques jours et	il y repart dans une semaine.
J'ai commandé ma voiture il y a quatre mois et	je ne la recevrai que dans un mois.

C. Complétez comme dans les exemples.

CURIOSITÉ

Il a posé une question il y a deux minutes…   *il en posera une autre dans trois minutes.*

GOURMANDISE

J'ai mangé une glace à la vanille il y a une heure…   *j'en commanderai une à la pistache dans cinq minutes.*

« TÉLÉPHOMANIE »

Ils se sont téléphoné il y a deux heures… . . . .

NERVOSITÉ, COLÈRE

Elle s'est énervée il y a dix minutes… . . . .

DON JUAN

Il a séduit une femme il y a deux heures… . . . .

GRANDE DORMEUSE

Elle s'est endormie il y a dix heures… . . . .

SANS RANCUNE

Nous nous sommes disputés il y a une demi-heure mais… . . . .
. . . .

NÉGLIGENCE

Il m'a emprunté des disques il y a quinze jours… . . . .
. . . .

11 QUAND ?

Pendant/depuis : observation/entraînement

A. Observez.

Pendant	Depuis
Durée délimitée située dans le passé	Durée non achevée avec point de départ dans le passé.
Elle a été mariée pendant quinze ans.	Elle est mariée depuis quinze ans.
J'ai pleuré pendant tout le film.	Je pleure depuis le début du film.
Ce matin il a téléphoné pendant une heure.	Il téléphone depuis une heure.
Je ne l'ai pas vu pendant trois jours.	Je ne l'ai pas vu depuis trois jours.

B. Complétez avec « pendant » ou « depuis ».

1. Hier soir nous avons dansé . . . . toute la soirée.

2. Ils doivent être fatigués, ils dansent . . . . le début de la soirée.

3. Il n'a pas plus . . . . ce matin !

4. Hier, il a plu . . . . toute la matinée.

5. Qu'est-ce qu'il fait ? Je l'attends . . . . trois quarts d'heure.

6. Je l'ai attendu . . . . plus de trois heures et il n'est pas venu.

C. Complétez.

Pendant mon enfance
J'étais fragile.
J'ai fait du violon.

Depuis mon enfance
J'ai beaucoup changé.
Je fais du violon.

Pendant son séjour en italie
Il a pris beaucoup de photos.
Il a mangé des pâtes tous les jours.

Depuis son séjour en italie
Il est presque bilingue.
Il ne pense qu'à y retourner.

Pendant ses études

. . . .

Depuis la fin de ses études

. . . .

Pendant sa maladie

. . . .

. . . .

Depuis sa maladie

. . . .

. . . .

Pendant mes dernières vacances

. . . .

. . . .

Depuis mes dernières vacances

. . . .

. . . .

QUAND ?

11

En : échanges

Formulez les questions et échangez.

EN COMBIEN DE TEMPS...?

- faire son lit   *En combien de temps faites-vous votre lit ?*
- éplucher 1 kilo de pommes de terre   . . . .
- apprendre un poème de 12 vers   . . . .
- prendre une décision   . . . .
- se laver les dents   . . . .
- s'endormir   . . . .
- trouver un mot dans un dictionnaire   . . . .
- prendre son petit-déjeuner   . . . .
- courir un 100 mètres   . . . .
- boire une bière   . . . .
- être opérationnel le matin   . . . .
- faire son lit   . . . .
- tomber amoureux   . . . .
- faire sa valise   . . . .
- se préparer pour une soirée   . . . .
- changer un pneu crevé   . . . .
- . . . .
- . . . .

« En » indique la durée nécessaire à la réalisation de quelque chose ;
- Je m'endors en trois minutes.
- Un œuf à la coque est cuit en trois minutes.

Reformulations :

Il (me) faut... pour/Je mets... pour/j'ai besoin de... pour
- Je mets à peine trois minutes pour m'endormir.
- Il faut trois minutes pour cuire un œuf à la coque.
- J'ai besoin de beaucoup de temps pour me réveiller ;

Improvisez des dialogues.

1.

Il arrive quel jour ?

. . . .

À quelle heure ?

. . . .

Il reste jusqu'à quand ?

. . . .

2.

Depuis combien de temps vous m'attendez ?

. . . .

On avait rendez-vous à quelle heure ?

. . . .

3.

La pièce se joue jusqu'à quand ?

. . . .

Quand est-ce que tu peux y aller ?

. . . .

Tu le sauras quand ?

. . . .

4.

Tu es né (e) en quelle année ?

. . . .

C'est quel jour ton anniversaire ?

. . . .

Tu es né (e) à quelle heure ?

. . . .

5.

Vous avez travaillé combien d'années ?

. . . .

À quel âge vous avez commencé ?

. . . .

Dans combien de temps vous pourrez prendre votre retraite ?

. . . .

6.

On se revoit quand ?

. . . .

On peut se voir de quelle heure à quelle heure ?

. . . .

C'est tout ? Quel jour on peut se voir plus longtemps ?

. . . .

7.

Il vous faut combien de temps pour réparer ma voiture ?

. . . .

Combien de temps ?

. . . .

Il me la faut absolument pour ce soir !

. . . .

Vous travaillez jusqu'à quelle heure ?

. . . .

Je viendrai la rechercher ce soir.

. . . .

8.

Tu pars pendant combien de temps aux États-Unis ?

. . . .

Formidable ! À quel moment je peux te rendre visite ?

. . . .

OK d'accord !

QUAND ?

11

Index

Table des matières

TABLES

257

Table des matières

Table des matières

TABLES

Achevé d'imprimer en avril 2003
sur les presses du

Groupe Horizon

Parc d'activités de la plaine de Jouques
200, avenue de Coulin

N° d'imprimeur : 0304-042